...biications des « TEMPS NOUVEAUX » — N° 3

W. TCHERKESOFF

PAGES D'HISTOIRE SOCIALISTE

I

DOCTRINES ET ACTES

DE LA

SOCIAL-DÉMOCRATIE

Première édition : 10.000 exemplaires.

PRIX : 25 CENTIMES

PARIS

Au Bureau des « TEMPS NOUVEAUX »

140, RUE MOUFFETARD, 140

1896

W. TCHERKESOFF

PAGES D'HISTOIRE SOCIALISTE

I

DOCTRINES ET ACTES

DE LA

SOCIAL-DÉMOCRATIE

Première édition : 10.000 exemplaires.

PRIX : 25 CENTIMES

PARIS

Au Bureau des « TEMPS NOUVEAUX »
140, RUE MOUFFETARD, 140

1896

PAGES D'HISTOIRE SOCIALISTE

I

Deux dates historiques.

(A propos du congrès de Zurich.)

Le monde socialiste fut bien surpris par l'attitude de la majorité légalitaire du congrès soi-disant de l'Internationale en 1893. Mais personne n'a soulevé depuis une question intéressante à résoudre : — la conduite de la majorité fut-elle une simple bévue, commise par les délégués, ou fut-elle le résultat logique de tout ce qu'on prêche depuis des années sous le nom de socialisme « scientifique », une conséquence éclatante d'une tactique de légalisme, de réformes mesquines et de groupements purement politico-électoraux?

Heureusement pour nous, Engels lui-même nous a donné la réponse.

« Il y a juste cinquante ans, disait-il à la dernière séance du congrès, que Marx et moi avons fait nos premières armes. C'était à Paris, en 1843, dans une revue qui s'appelait les *Annales franco-allemandes*. A ce moment, le socialisme n'était représenté que par de petites sectes... Cette année-ci marque encore un autre anniversaire : celui du congrès socialiste tenu il y a vingt ans et dans lequel *nous avons arrêté le plan de campagne poursuivi jusqu'ici sans changement et sans défaillance*. C'était en 1873 (1). Nous nous

(1) Le congrès de 1873 fut sans signification aucune pour le mouvement socialiste. Mais celui de la Haye de 1872, où Marx et Engels triomphèrent, fut réellement d'une grande importance historique. Ces messieurs chassèrent les fédéralistes de l'Internationale et, par le même acte, tuèrent la grande Association. Par conséquent, nous parlerons ici seulement du congrès de 1872 qui a sa place marquée dans l'histoire.

sommes recueillis, nous avons arrêté un plan de conduite, et vous voyez où nous en sommes aujourd'hui... Restons fermement unis dans notre ligne de conduite générale, et la victoire sera à nous (1). »

C'est bien clair, n'est-ce pas? Il est évident que le monde socialiste ne fut surpris que grâce à son ignorance de la ligne de conduite de la majorité, et que le chef du « socialisme scientifique » se glorifie justement de cette attitude prévue depuis cinquante ans et arrêtée depuis vingt ans. Alors, voyons ce que Marx et Engels ont apporté de nouveau dans la conception socialiste et quel fut le caractère du congrès de 1872.

Avant tout, je tiens beaucoup à établir que Marx, révolutionnaire et défenseur du prolétariat, Marx, polémiste incomparable, qui mit toute sa science économique au service du peuple, reste une grande figure dans l'histoire du développement du socialisme moderne. Et ce n'est pas pour diminuer les services rendus par lui à l'émancipation de la classe ouvrière que je tiens à donner un bref aperçu de ses idées socialistes en 1843-48. Non, je veux tout simplement voir si les prétentions monstrueuses d'Engels ont quelque confirmation dans le passé et quel était l'ensemble de leur doctrine à l'époque indiquée.

Nous savons que, de 1839 à 1848, il existait en France un large mouvement révolutionnaire avec tendance nettement socialiste. Ses publications inondaient le pays. Proudhon, P. Leroux, V. Considérant, G. Sand, Auguste Comte, Lamennais, Barbès, Blanqui, et L. Blanc, prêchaient des doctrines socialistes souvent différentes les unes des autres, mais qui toutes étaient goûtées par la masse ouvrière. Louis Blanc surtout était populaire. C'est pour son projet d'*Organisation du travail* que le peuple le porta en triomphe comme membre du gouvernement provisoire du 24 février 1848. Dans son journal *Revue du Progrès*, fondé en 1839, Louis Blanc commença la publication de son système de socialisme

---

(1) Nous citons d'après le *Journal des Économistes*, page 328, n° 9, 1893.

d'Etat, doctrine toute neuve à cette époque. Il disait que la question sociale serait résolue par un Etat démocratique seulement; que le peuple doit, avant tout, conquérir le pouvoir politique, prendre dans ses propres mains le pouvoir législatif, *mais que la lutte politique doit être subordonnée à l'émancipation écono-mique et sociale du peuple. La dernière est le but, la première un simple moyen.* Une fois l'Etat conquis, on doit abolir tout privilège, toute organisation sociale capitaliste, et les remplacer par une organisation d'ateliers nationaux, et par le crédit gratuit aux asso-ciations autonomes. Les ateliers constitués, le « crédit aux pauvres » mis en pratique, l'Etat n'avait pas le droit de s'immiscer dans la vie propre des associations, qui devaient s'organiser sur la base communiste avec la devise : *De chacun selon ses capacités, à chacun selon ses besoins.* C'est en quelques mots la doctrine de Louis Blanc. On voit que la social-démocratie de nos jours... mais laissons Engels lui-même nous faire connaître ce qu'avec Marx, ils prêchèrent après Louis Blanc.

Quelques mois avant la révolution du 24 février 1848, la Ligue communiste allemande publia le fameux « Manifeste Communiste » rédigé par Marx et Engels. Les moyens pratiques recommandés au peuple étaient formulés comme suit (1) :

1. L'expropriation de la terre et l'emploi de la rente pour les dépenses de l'État.

2. Un lourd impôt progressif sur les revenus.

3. L'abolition du droit d'héritage.

4. La confiscation des biens des émigrés et des révoltés.

5. La concentration du crédit entre les mains du gouvernement par le moyen d'une banque d'Etat et par un *monopole exclusif.*

6. La centralisation des moyens de transport dans les mains de l'Etat.

7. L'augmentation du nombre des fabriques de l'État et des instruments de travail; la *culture* et

____

(1) Je cite d'après le texte de la première édition de 1848.

l'amélioration de la terre *d'après un plan général.*

8. Le travail obligatoire pour tous ; l'organisation d'une armée du travail, spécialement pour l'agriculture.

C'est avec ce programme que Marx et Engels commencèrent leur propagande socialiste et révolutionnaire. Que les gens impartiaux jugent chez qui les idées humanitaires et sociales ont été conçues plus largement : ou chez Louis Blanc, avec sa devise : « De chacun selon ses capacités, à chacun selon ses besoins », et avec les associations autonomes, ou chez Marx et Engels, avec leur « monopole exclusif », la « culture de la terre d'après un plan général » et l' « organisation d'une armée du travail spécialement pour l'agriculture » ?

De quoi se vante donc Engels ? Je comprends que l'on fête l'anniversaire de la publication du Manifeste de Robert Owen en 1813, parce qu'il proclamait des idées socialistes réellement larges et humanitaires. Mais glorifier la date d'apparition sur l'horizon politique d'Engels avec ses idées rétrogrades et sa tactique maintes fois néfaste !... Excusez du peu.

Etudions à présent l'autre date glorieuse, celle de 1872-73, l'époque à laquelle on « arrêta un plan de conduite » qui aboutit à Zurich aux déclarations que l'on sait et dont le seul résultat possible est de soutenir le système gouvernemental actuel, basé qu'il est sur l'exploitation capitaliste et sur un militarisme inconnu dans le passé.

Il faut dire que nous sommes un peu surpris qu'Engels trouve matière à féliciter Marx et lui-même au sujet des derniers congrès de l'Internationale. La gloire réelle de Marx, c'est la rédaction des considérants et des statuts généraux de la grande Association ; elle correspond à la période qui s'écoule, de 1864 à 1869, jusqu'au congrès de Bâle — l'apogée de Marx. Autant que l'on sait, les congrès de 1872 et 1873 laissèrent des souvenirs amers chez Marx, qui vit bien que leur résultat était une condamnation à mort de sa fraction centraliste-étatiste. En vérité, depuis cette époque, la fraction marxiste de l'Internationale cessa d'exister et les congrès tenus jusqu'à 1882 le furent exclusivement par les fédéralistes-bakounistes connus sous le nom d'anarchistes. Mais si Marx ne fut pas content du résultat du congrès de 1872, Engels, au contraire, triompha, car depuis longtemps il méditait de provoquer une scission dans l'Internationale. Imbu des idées rétrogrades que nous avons citées plus haut, Engels avait voué une haine implacable au parti fédéraliste-anarchiste, surtout aux membres de l'« Alliance socialiste internationale ». Les fédéralistes dominaient dans l'Internationale en Suisse, en Belgique, en Espagne, en Italie.

Engels, en sa qualité de membre du Conseil général de l'Internationale et comme membre correspondant pour l'Espagne, écrivait, le 24 juillet 1872, au conseil fédéral espagnol une lettre incroyable, dans laquelle il réclamait « une liste de tous les membres de l'Alliance » et qui se terminait par cette phrase : « *A moins de recevoir une réponse catégorique et satisfaisante par retour du courrier, le Conseil général se verra dans la nécessité de vous dénoncer publiquement... »* etc. (Voir *Mémoire de la Fédération Jurassienne*, page 250.) Engels écrivit cette lettre sans demander l'opinion des autres membres du Conseil. Le Conseil, sur l'avis de Jung et de Marx, ne donna pas suite à cette lettre, fameuse désormais.

La place me manque pour donner les détails des intrigues menées par Engels, Lafargue, Outine et tant d'autres contre les fédéralistes et contre Bakounine et James Guillaume spécialement. Disons seulement que ces intrigues amenèrent la scission de l'Internationale qui eut lieu au congrès de triste mémoire de 1872. En général, on ne connaît pas beaucoup la manière dont ce congrès fut convoqué. Il suffit de dire que Marx et Engels donnèrent l'ordre au délégué Sorge, de la section allemande de New-York, de ramasser des mandats en blanc en aussi grande quantité qu'il pourrait. Sorge en apporta réellement beaucoup. Ils furent distribués à droite et à gauche aux partisans de Marx et d'Engels. Mais ce qui fut un comble, c'est que ces messieurs amenèrent avec eux comme membres du Conseil général de l'Internationale des hommes qui n'avaient jamais fait partie d'aucune section, et même le fameux ami intime d'Engels, Multman Barry, le correspondant du *Standard* et l'agent des conservateurs anglais. Avec une majorité composée de la sorte, ils exclurent Bakounine, Guillaume et avec eux les fédérations jurassienne, espagnole, italienne, belge, anglaise. Avec Marx, Engels, M. Barry et autres restèrent seulement les Allemands et quelques groupes isolés dans les différents pays. Tous les éléments actifs et révolutionnaires se rallièrent aux fédéralistes-anarchistes et ce sont eux qui continuèrent jusqu'en 1882 à convoquer les congrès de l'Internationale (1).

Quelles dates évoqua Engels! Qu'y a-t-il d'étonnant à ce qu'une majorité légalitaire, issue de bases aussi glorieuses, pactisât à Zurich avec les gouvernements, battît les indépendants et prêchât la guerre?...

II

Dictature et prétention scientifique.

Pour avoir une idée plus nette de la conduite de Marx et d'Engels comme inspirateurs du Conseil général de l'Internationale, il faut voir quelle fut leur attitude pendant la Commune de Paris.

Le 3 avril 1871, le Conseil général de l'Internationale de Londres écrivait à Paris : *Les citoyens, membres du bureau de Paris, sont invités, vu l'état des choses, à adresser au bureau central à Londres des rapports journaliers.*

Demander des rapports à des gens qui se battent! Mais pourquoi des rapports?

---

(1) Il n'est pas inutile de rappeler que Jung avait refusé de se rendre à ce congrès. « Marx et Engels me pressèrent de venir... Je refusai... Le jour suivant, ils revinrent... Engels me dit même : « Vous êtes le seul homme qui puisse sauver l'Association. » Je lui répondis que je ne pouvais aller à la Haye qu'à une seule condition, c'était que Marx et lui n'y allassent pas. » — On voit que, même parmi leurs adhérents, on considérait leur influence comme néfaste.

Du 9 avril : *Nous attendons le résultat pour vous donner nos instructions.*

Au moins Bismarck et l'empereur Guillaume, qui prétendaient commander, étaient présents sur le champ de bataille. Mais le Comité général, dirigé par Marx et Engels, aimait mieux rester en sécurité, les pieds sur les chenets, et donner des instructions. Et quelles instructions !

Du 4 avril : *Ne créez pas d'agitations inutiles en province.*

Du 9 avril : *D'ici là, laissez agir les républicains et ne vous compromettez en rien.*

Ou bien : *La lutte est définitivement engagée. Nous comptons sur vous pour la soutenir.*

Mais le comble de l'absurdité, c'est que ces gens, avides de pouvoir, voulaient aussi contrôler le mouvement de chaque combattant socialiste. Ainsi :

Du 23 mars : *Gardez Gobert à Lyon, Henriet avec vous et envoyez Estein à Marseille.*

Du 24 mars : *Envoyez Cluseret à Paris* (beau cadeau, ma foi ! qu'ils lui faisaient).

Du 20 mars : *En présence des difficultés qui entravent le départ pour Lyon des citoyens Assi et Mortier, le citoyen Landeck est délégué à Marseille et à Lyon avec* PLEINS POUVOIRS (1).

Suivant les statuts de l'Internationale, son Comité général n'avait que des fonctions purement administratives et ne devait servir que comme bureau central pour la correspondance des différentes organisations nationales. Le Conseil n'avait en rien à intervenir dans les affaires intérieures de chaque pays. Pourtant, sous la direction de Marx et d'Engels, il s'arrogea peu à peu d'autres droits, comme de guider les organisations ouvrières et il en arriva en folie de dictature à envoyer des ordres comme ceux que nous venons de lire : Pleins pouvoirs sur Marseille et Lyon à un illustre inconnu ! (Et quel tact ! Deux Allemands déléguant un bonhomme à nom allemand pour diriger les socia-

____

(1) Voir *Histoire de l'Internationale par un bourgeois républicain* (Fiaux).

listes français, tandis que l'empereur, les princes
allemands et Bismarck étaient à Versailles !)

Dès 1870, des membres intelligents de l'Internationale, comme Guillaume et Bakounine, avaient déjà vu
percer cette tendance dangereuse et ridicule à vouloir
s'ériger en dictateurs internationaux. Ils formèrent un
courant contraire qui peu à peu se dessina; les protes-
tations s'élevèrent de plus en plus nombreuses et vio-
lentes : de là date la haine que la coterie marxiste
voua aux fédéralistes, surtout à Guillaume et à Bakounine. Cette coterie employa toute son énergie et toute
l'autorité dont elle put se saisir; elle ne s'en tint pas
aux menaces. Nous avons vu comment elle s'assura de
la majorité au congrès de 1872, à la Haye, et leur pam-
phlet : *L'Alliance internationale*, paru à cette époque,
est un exemple unique de calomnies et d'absurdités.

Après la scission au congrès de la Haye de l'Internationale, les deux fractions suivirent deux tactiques
bien différentes. Tandis que les fédéralistes accentuaient
de plus en plus la lutte sur le terrain économique et
révolutionnaire, les partisans d'un Etat centralisé, qui
en 1873 avaient arrêté un programme d'action légale
et parlementaire, étaient entraînés par les événements
politiques et par la lutte électorale dans la voie de mo-
dération et de compromissions que l'on connaît. On
sait jusqu'à quel point, au congrès de Gotha, la social-
démocratie allemande poussa l'esprit de conciliation
entre les revendications socialistes et l'ordre social actuel et l'État (1); aussi n'y a-t-il rien d'étonnant à ce
que l'ancienne qualification de « socialiste révolutionnaire » fût devenue gênante pour tous ces messieurs,
députés et conseillers. Il fallut trouver un autre qualificatif, mieux adapté à leur nouvelle conception du
socialisme, à leur récente et si distinguée situation de
législateurs.

Le mot voulu se trouva : au lieu de « socialisme

---

(1) Au congrès de Francfort en 1894, un délégué dit : « La mé-
decine du socialisme doit être administrée à petites doses. »

Un honnête savant disait dernièrement à un de nos amis :
« Mais, que veux-tu, le programme des radicaux est plus avancé
que celui des socialistes ! » Et c'est vrai.

révolutionnaire », on commença à employer l'expression « socialisme scientifique », tout comme s'il existait un socialisme des ignorants : probablement celui
de Saint-Simon, d'Owen, de Proudhon et de Tchernychevsky. Malheureusement, l'adjectif « scientifique »
se prête à un malentendu, car ce sont justement les
défenseurs des iniquités de l'organisation capitaliste
qui ont toujours le mot de « science » à la bouche;
d'un autre côté, depuis longtemps en Allemagne une
certaine classe de réformateurs à l'eau de rose,
endormeurs patentés, se sont fait connaître sous le
nom de socialistes de la chaire — *Katheder Sozialist.*

Il fallait absolument se distinguer de ces savants
officiels. Alors commença la création d'une légende
sur leur science à eux, exclusivement à eux, et basée
sur les découvertes spéciales dues aux fondateurs de
la social-démocratie. Au lieu de dire tout simplement
que le développement colossal de la culture intellectuelle nous oblige à accomplir un changement
radical dans l'organisation capitaliste et étatiste, et
que la science *tout entière*, dans les recherches des
hommes indépendants, condamne le mode de production et de consommation individuelle, ils voulurent
s'attribuer tout le mérite d'une science spéciale : la
science de la social-démocratie. L'affirmation est
outrecuidante, elle ne tient pas debout dès qu'on est
assez audacieux pour la regarder de près : la science
réelle se rattache à toutes les vérités connues, et agit
dans toutes les branches du savoir humain en entraî-
nant par une pression irrésistible tous les esprits
indépendants...

Nous allons voir si leur science a ce caractère.

Ecoutez les affirmations des « *penseurs* » et des
publicistes officiels du parti :

« Les lois de la production capitaliste découvertes
par Marx, lisons-nous dans la biographie d'Engels
(*Neue Zeit.*, IXe année, no 8), sont aussi stables que
celles de Newton et de Kepler pour le mouvement du
système solaire. »

« C'est à Marx, dit Engels, que nous sommes redevables de deux grandes découvertes :

« 1º La divulgation du secret de la production capitaliste par l'explication de la *plus-value* ;

« 2º La conception matérialiste de l'histoire (Engels, *Le Développement du socialisme scientifique*).

« ... En 1845, nous avons (Marx et Engels) décidé de nous adonner aux recherches nécessaires pour élaborer l'explication matérialiste de l'histoire, *découverte par Marx* (Préface de *Ludwig Feuerbach*, par Engels). »

Dans une polémique contre Dühring, nous trouvons chez Engels : « ... Si Dühring entend dire que tout le système économique de nos jours... est le résultat de l'antagonisme entre les classes, de l'oppression..., alors il répète des vérités devenues lieux communs depuis l'apparition du « Manifeste Communiste » (rédigé par Marx et Engels). »

Racontant l'histoire de l'évolution de leur jeunesse, Engels dit naïvement : « Ce qui est bien remarquable, c'est que nous ne fûmes pas les seuls à découvrir la dialectique matérialiste. L'ouvrier Joseph Dietzgen a fait la même découverte... (*L. Feuerbach*). » Après une pareille outrecuidance, il semble que l'on puisse tirer l'échelle. Mais non, les adeptes de ces deux penseurs vont beaucoup plus loin. Ils affirment que leurs maîtres furent les premiers à appliquer la méthode dialectique aux recherches et études historiques, économiques et sociologiques, grâce... à quoi ils ont trouvé la loi de concentration capitaliste, — une sorte de fatalisme économique. C'est encore eux qui « ont créé un parti socialiste, le plus *révolutionnaire* que l'histoire ait jamais connu » (la social-démocratie). « Il faut étudier la brochure d'Engels : *L. Feuerbach*, parce qu'elle est le plus complet exposé de la philosophie de ces deux penseurs » (Plekhanoff, préface); il faut que l'humanité s'occupe sérieusement des moindres faits et gestes de leur jeunesse, car *« elles sont les premiers pas du socialisme scientifique »* (*Neue Zeit.*, Biographie d'Engels).

Ces citations sont assez claires, mais il y a mieux. Nous savons à présent que ce furent Engels et Marx qui découvrirent les lois éternelles de la vie sociale.

Et personne avant eux ne soupçonnait même l'existence de ces lois? — Personne, nous affirment les social-démocrates.

« L'Allemagne, dit Bebel, a entrepris le rôle d'un guide dans la lutte gigantesque de l'avenir. Elle est même prédestinée à ce rôle par son développement et sa position géographique... Ce n'est pas un simple hasard que ce soient les Allemands qui aient découvert la dynamique du développement de la société actuelle, et aient jeté les bases scientifiques du socialisme. Parmi ces Allemands, la première place appartient à Marx et à Engels; après eux vient Lassalle, comme organisateur de la masse ouvrière (*La Femme*, conclusion).

Cette admirable citation d'un caractère complètement social-démocratique par sa vantardise nous apprend enfin sur quoi Marx et Engels fondaient leur prétention à une dictature universelle : l'Allemagne est à la tête de l'humanité, eux sont deux gloires de leur pays, par conséquent ils étaient au-dessus de l'humanité toute ignorante...

III

Méthode dialectique.

Mais est-ce vrai que l'humanité ignorât, soit la méthode dialectique, soit l'idée de plus-value? Vico, Volney et les Encyclopédistes, Augustin Thierry, Buckle, A. Blanqui, Quételet et tant d'autres n'ont-ils pas eu quelque idée de l'influence des facteurs économiques sur l'histoire de l'humanité ? Est-ce que T. Rogers n'a pas écrit son grand ouvrage : *Six siècles de travail et de salaire*, et comme résumé n'a-t-il pas publié son volume : *L'interprétation économique de l'histoire?* Et si les vérités poursuivies par les hommes indépendants, si la science des penseurs qui n'aspiraient ni à la dictature, ni à la papauté, si cette science existait réellement avant l'arrivée en scène de Marx et d'Engels, alors comment faut-il qualifier les auteurs de toutes ces citations? Tous ces Bebel, Bernstein,

Kautsky, Plekhanoff, Engels, etc., ont-ils écrit les passages cités par simple ignorance, ou sous l'influence de moteurs complètement étrangers aux recherches scientifiques?

*
* *

Par les citations précédentes, nous savons que l'humanité est redevable à Marx et à son ami Engels de :

1° L'application de la méthode dialectique aux recherches sociologiques;

2° La découverte de la plus-value ignorée par la science avant eux;

3° L'explication matérialiste de l'histoire ;

4° Et, comme couronnement de l'édifice, la loi sur la concentration du capital, « *l'expropriation du grand nombre des capitalistes par le petit.* »

(Voir *Capital*, p. 342.)

Avant tout, je demande pardon aux ouvriers, surtout aux socialistes-internationalistes, de mon excursion involontaire et peu attrayante dans le domaine des légendes et des prétentions soi-disant « scientifiques ». Mais cette tâche s'impose à nous. Quand, au nom du socialisme scientifique, on prêche de nos jours l'adoration de l'Etat tout-puissant, l'autorité, l'ordre, la discipline, la subordination et autres qualités en honneur dans les casernes; quand on ridiculise l'idée d'émancipation, d'affranchissement et de solidarité par l'étiquette d'utopie, et que chaque exposé des idées humanitaires et socialistes est taxé d'ignorance, il faut bien se rendre compte et chercher où se trouve la vérité...

*
* *

La science, cette grande science des naturalistes avec ses systèmes d'évolution, de transformisme et de matérialisme monistique qui répugnent tant à Engels (1),

---

(1) Dans sa brochure *L. Feuerbach*, il traite le matérialisme des sciences naturelles de « vulgaire », par opposition au sien.

fut créée et se développe d'après la méthode inductive, et tous les grands esprits scientifiques ignorèrent et même condamnèrent la méthode dialectique. Je défie les social-démocrates de me nommer un seul savant de notre siècle qui se soit servi de la méthode dialectique dans les recherches scientifiques, à moins que ce ne fût dans la métaphysique allemande.

Est-ce que Lamarck, Geoffroy-Saint-Hilaire, Lyell, Darwin, Hæckel, Helmholtz, Huxley et autres ont élaboré la grande philosophie évolutionniste d'après la méthode dialectique?

Quételet et J. S. Mill, Morgan et Buckle, Main et Tylor, H. Spencer, Guyau et Bain ont-ils fait leurs généralisations de sociologie, de logique, d'éthique et de philosophie moderne autrement que d'après la méthode inductive? Qui connaît un peu l'histoire du développement de la science moderne doit reconnaître que tous les grands esprits ont répudié la méthode dialectique.

« La méthode de généralisation dialectique de ces « philosophes (métaphysiciens), — dit le professeur « W. Wundt (1) — sur laquelle ils basèrent l'infaillibilité « de leur doctrine, nous apparaît comme une enveloppe « artificielle et répulsive qui dénature toute idée. » Une autre autorité, une vraie gloire de l'Allemagne et de l'humanité, Gœthe n'était pas favorable non plus à la méthode si chère à Engels et à ses disciples (2).

L'esprit scientifique de Gœthe ne pouvait évidemment admettre cette fameuse méthode avec laquelle le pour et le contre sont prouvés avec égale facilité. Il comprenait qu'il n'y a qu'une méthode de recherche : la méthode scientifique.

Une hypothèse est faite, elle est vérifiée par la méthode inductive et devient théorie lorsque la cause rationnelle des rapports établis par induction a été démontrée par la méthode déductive.

Pour comble, cette méthode de raisonnement n'est pas neuve. Engels lui-même dit quelque part que

---

(1) W. Wundt : « Relation de la philosophie de notre siècle et de la vie », discours prononcé à l'université de Leipzig, 1889. (Nous citons d'après une traduction russe.)
(2) Voir *Conversations* d'Eckermann, 3ᵉ partie.

Descartes et Spinoza, Rousseau et Diderot, et que le
contemporain de Hegel, Charles Fourier, s'en servaient *admirablement bien*. Tous ces philosophes, surtout le dernier, ont sacrifié leurs travaux à des recherches dans les domaines de la philosophie sociale et du
socialisme. Comment donc est-il arrivé que Marx,
Engels et l'ouvrier allemand Dietzgen ont été obligés
de la découvrir à nouveau?

Que les députés, philosophes et publicistes du socialisme scientifique l'expliquent aux ignorants...

IV

Plus-value et utopisme.

Armés de cette méthode, rejetée par la science, ces
élèves de l'école réactionnaire et métaphysique de
Hegel (1) ont découvert la plus-value.

Qu'est-ce que la plus-value?

« Il nous fut — dit Engels — démontré (par Marx)
que la forme fondamentale de la production capitaliste
et de l'exploitation de l'ouvrier est l'appropriation de
travail non payé; c'est-à-dire, l'ouvrier reçoit pour
son travail moins que le patron ne reçoit en en ven-
dant le produit. » Voyons s'il est vrai que les socialistes et l'économie politique aient ignoré, avant
l'apparition du *Capital* en 1867, que la richesse de la
bourgeoisie est due au travail non rétribué.

Déjà au siècle dernier, nous trouvons des défini-
tions très exactes de cette part retenue par le patron
sur le salaire du travailleur.

---

(1) Que le lecteur se souvienne de la définition immortelle de
la métaphysique faite par Voltaire. En ce qui concerne Hegel,
M. Wundt, plus haut cité, dit:

« Hegel est un vrai philosophe de la Restauration. Il est plein
« de la conviction que *l'individu doit servir... l'Etat* avec une
« soumission absolue à une volonté unique. Dans une forme
« absolue, il glorifie le constitutionnalisme bureaucratique...
« L'idée générale de sa philosophie de l'histoire est subordonnée
« et sert en même temps à la tendance philosophique de
« l'époque de la Restauration. » (Voir le même discours.)

« Les physiocrates, dit H. Denis (*Histoire des systèmes socialistes*), désignaient bien nettement la partie retenue par le patron, le propriétaire et tous les exploiteurs. Ils l'appelaient, comme Adam Smith, le *produit net*. Ce grand fondateur de l'économie politique démontre incomparablement mieux que Marx que *toute la richesse est le produit du travail*, et jamais il n'a approuvé, au point de vue moral, que le producteur fût ainsi privé de son produit net.

Au commencement de ce siècle, S. de Sismondi, dans son ouvrage célèbre : *Nouveaux Principes d'économie politique*, a démontré que si l'on déduit les frais de production de la valeur d'échange d'un produit, il en restera un *excédent approprié* par le capitaliste. Cet excédent du travail, Sismondi l'appelle le *surplus-value*. Traduit en allemand, ce sera le *mehrwerth* de Marx, c'est-à-dire la plus-value du texte français du *Capital*. L'ouvrage de Sismondi apparut en 1819, c'est-à-dire un an avant la naissance d'Engels. Sismondi, quoique homme d'opinion avancée et libérale, n'était pas socialiste, et cette définition de la surplus-value fut faite par lui comme le résultat de recherches simplement scientifiques.

*
* *

Mais combien fut supérieure la conception de la plus-value et de la vraie cause de la misère du peuple chez les socialistes de l'époque de Sismondi ! Et surtout chez Robert Owen et son ami William Thompson... Les blagueurs du socialisme scientifique répètent d'après Engels que Robert Owen était un utopiste, une sorte de rêveur illuminé. C'est complètement faux. D'abord chez Thomas More lui-même, chez cet utopiste classique et auteur de l'*Utopie*, il n'y a pas de place pour la fantaisie. Un des plus remarquables savants de son époque, ami intime d'Erasme de Rotterdam, homme de génie positif, T. More indiqua le premier que dans la société, basée sur le principe d'exploitation et de la propriété individuelle, il y a à peine un cinquième de la population qui travaille

★

utilement, et que si l'humanité savait s'organiser sur le principe de la solidarité, — un *travail de six heures* par jour serait plus que suffisant pour créer le bien-être et l'abondance. Les gens de bonne foi ont reconnu depuis longtemps que son ouvrage est « *le premier monument du socialisme moderne* ».

Moins rêveur, si c'est possible, fut le fondateur du socialisme et du mouvement ouvrier de notre siècle, Robert Owen (1771-1858). Le premier, il conçut et établit que puisque le savoir humain est le résultat des impressions du milieu extérieur sur les nerfs (1) et qu'il n'y a pas d'idées innées ou préconçues, le caractère de l'homme doit être aussi le résultat des influences du milieu et des conditions sociales dans lesquels l'individu naît et vit. « Alors, dit-il, ce n'est pas l'homme qui est responsable, mais la société et les conditions extérieures. Il faut changer l'ordre social actuel pour alléger les souffrances de l'humanité. » Et pendant toute sa longue vie, il travailla à ce changement des conditions économiques. Dans son usine de New-Lanark, il organisa pour les ouvriers une existence qui, de nos jours encore, serait considérée comme heureuse ; il fonda les premiers jardins d'enfants et soutint Bell et Lancaster dans leurs premiers pas, ainsi que Fulton et son bateau à vapeur ; il attira l'attention, éveilla la compassion de Ricardo, de Bentham et de beaucoup d'autres sur l'esclavage des enfants et des femmes dans les fabriques et provoqua en 1802 la première loi de législation du travail. En 1815, alors que l'ouvrier travaillait 14, 16 et 18 heures par jour, il organisa le comité des 10 heures, lequel, aidé par des hommes de cœur comme Oastler, lord Ashley et autres, finit par aboutir, en 1847, au vote de la loi des 10 heures. (Cette loi n'est pas encore votée en Allemagne où fleurit le socialisme scientifique.)

Athée, communiste et fédéraliste, R. Owen propageait l'idée que la société *elle-même* doit organiser la

---

(1) Locke, Condillac, les Encyclopédistes, Bichat, Magendie, Claude Bernard et autres.

production, la consommation et l'éducation intégrale. Ce fut lui qui, en 1836, fut le fondateur de la « Société de toutes les classes et de toutes les nations » — devancière de l'Internationale — dans les séances de laquelle le mot socialisme (mais non « scientifique ») fut employé pour la première fois. En même temps, comme moyen de propagande, il organisa des sociétés coopératives et des marchés libres d'échange avec bons de travail. « Le travail, disait-il aux ouvriers, le 5 décembre 1833, est la source de la richesse et elle pourra rester dans les mains de l'ouvrier lorsque ceux-ci s'entendront à cet effet. » Il déploya une activité surhumaine pour créer cette entente, surtout dans les Trade's-Unions. En 1833, il réclamait « 8 heures de travail et la fixation d'un minimum de salaire ». La même année, il organisa l' « Union générale des classes productives ». En quelques semaines, on comptait plus de 500.000 membres, parmi lesquels il y avait des *ouvriers des campagnes* et des groupes de femmes. Ceci lui permit de créer en 1834 la fédération de tous les métiers avec le titre « Grand National Trade-Union ». Et, réellement grand fut le mouvement. « L'expansion du mouvement trade-unioniste en 1830 et 1834, autant qu'il est à notre connaissance (1), surpassait même le mouvement de 1871-75. »

Cet organisateur, homme incomparable en modestie, en dévouement à l'émancipation des déshérités, cet esprit positif, on voulut le faire passer pour un rêveur !... et qui ? — les gens qui se disent socialistes, qui répètent quelques formules, quelques revendications isolées, des fragments insignifiants de ses larges conceptions socialistes, de sa noble carrière d'agitateur...

Un autre « utopiste », connu de Marx, un « owenist », W. Thompson, dans son ouvrage : *Social Science, Inquiry*, etc. (1824), développa la plus-value (*surplus* en anglais) d'une manière saisissante. Après avoir établi que « la richesse est créée par le travail de l'ouvrier » (p. 3-4), il demande : « Pourquoi alors l'ouvrier

---

(1) S. Webb, *History of Trade-Unionism*, 1894, p. 314.

ne possède-t-il pas le produit tout entier sans aucune réduction (p. 32) ? — Parce que, répond-il, sous la forme de « *rent* », profit, etc., on lui enlève son *surplus*. » Ensuite il pose la question : « Cette spoliation est-elle acceptée volontairement ou imposée par la force ? — La force brutale, répond-il, a toujours été employée pour arracher aux pauvres le produit de leur travail, toute l'histoire nous démontre cette vérité ; on remplirait d'exemples des milliers de pages… Si on admet cette retenue d'une part du produit du travail (*surplus*) sans le consentement du producteur… on sera disposé à justifier la retenue de n'importe quelle autre part (p. 34-35). » « Sans l'emploi de la force, le monopole ne pourrait pas exister (p. 106). » « Aussi longtemps qu'existera le capitalisme, la société restera dans son état pathologique (p. 149). » Dans son ouvrage : *Travail récompensé* (1826), Thompson énumère différentes réformes proposées, et dit qu'elles sont toutes des palliatifs, y compris l'assurance et la pension pour les travailleurs ; même le trade-unionisme n'est pas, selon lui, une solution au problème social. Comme ami et disciple d'Owen, il prêche le communisme autonome.

« Travail libre, jouissance absolue du produit de son travail, et échange volontaire », formule Thompson à la page 253.

Découvrir en 1845 le « *surplus* », si clairement exposé par Thompson en 1824, n'était pas chose bien difficile, surtout quand on connaissait l'ouvrage de Thompson, que Marx cite dans son *Capital*. De cette façon, ma foi ! je me charge de découvrir la loi de la gravitation ou la loi périodique de la chimie, ou l'équivalent mécanique de la chaleur. Et après, toujours en imitant Marx et Engels, je réclamerai mes droits à la dictature universelle… Pourvu que Charcot ou Maudsley ne m'invite à pratiquer ma dictature à Charenton ou à Bedlam !

Pour finir, je dois citer l'opinion de Proudhon, qui est traité par Marx et par ses très scientifiques disciples de sophiste ignorant. Tant pis pour Marx si cet « *ignorant* » formula lui-même, en 1845, avec sa franchise habituelle, « l'excédent » ou la plus-value de production. Dans les *Contradictions économiques*, nous lisons :

« Dans la science économique, nous l'avons dit
après Adam Smith, le point de vue sous lequel toutes
les valeurs se comparent — est le travail (p. 86)...
Dans le sens de l'économie politique, le principe *que
tout travail doit laisser un excédent* n'est autre que la
consécration du droit constitutionnel que nous avons
tous conquis par la révolution de *voler le prochain*
(p. 91). »

Proudhon a bien raison de dire qu'au fond des
choses, c'est le droit de voler le prochain, car mieux-
value, plus-value, excédent du travail, surplus, *mehrwerth* signifient la même chose : la part de la valeur
du produit du travail appropriée par la bourgeoisie.
Quelle dénomination que l'on donne à cette part de la
valeur, source de l'accumulation capitaliste, son accaparement est toujours en réalité un vol. Toute la
sagesse, toutes les lois prétendues du capitalisme se
résument comme suit :

1° Acheter la force et l'habileté de l'ouvrier au-
dessous de leur valeur;

2° Acheter le produit au prix le plus bas possible
chez le producteur;

3° Revendre le même produit au même producteur
au plus haut prix possible.

De longue date, le peuple a compris la nature du
commerce et du capitalisme, car, dès l'antiquité, les
sages grecs avaient choisi le dieu des voleurs, Mercure,
comme patron du commerce.

Ces deux chapitres sont peut-être longs et ennuyeux
à lire. Mais, je le répète, il est obligatoire pour nous,
les anarchistes, de se rendre compte de la prétendue
science de ceux qui aspirent à la dictature universelle.
Nous savons, à présent, à quoi se réduit la valeur de
la découverte de la plus-value. Quant à la méthode
dialectique, si admirablement cultivée par les sophistes
au temps de Socrate (voir *Gorgias* de Platon), nous
reconnaissons volontiers que Marx et Engels s'en servaient dans toutes leurs spéculations métaphysiques.

Et c'est justement parce qu'ils s'en servaient que leurs recherches ont abouti, ainsi que nous allons le montrer, à des erreurs formidables.

V

Superstition fataliste sur la concentration du capital.

Chaque époque historique, chaque parti politique a été entiché de telle ou telle idée fausse et souvent nuisible, admise pourtant par tout le monde comme une évidence. Des hommes de grande capacité et de grand talent subirent l'influence de pareilles idées, aussi bien que les esprits de second ordre qui acceptent les opinions d'autrui sans s'inquiéter de leur valeur. Et si, par hasard, l'une de ces fausses appré-ciations vient à être, après discussion, formulée sous une forme scientifique et philosophique, sa domination néfaste s'étend alors sur plusieurs générations.

Il est une formule, une loi erronée, en laquelle nous tous, les socialistes sans distinction d'écoles ni de fractions, avons eu jusqu'à présent une foi aveugle. Je parle de la loi de concentration du capital formulée par Marx et admise par tous les écrivains et orateurs socialistes. Entrez dans une réunion publique, prenez la première publication socialiste, — vous y entendrez ou lirez, que, d'après la loi spécifique du capital, ce dernier se concentre entre les mains d'un nombre de capitalistes de plus en plus restreint, que les grandes fortunes se créent aux dépens des petites, et que le gros capital s'accroît par l'expropriation des petits capitaux. Cette formule si répandue est la base fondamentale de la tactique parlementaire des socialistes d'Etat. Avec elle, la solution de la question sociale, conçue par les grands fondateurs du socialisme moderne comme une complète régénération de l'individu ainsi que de la société au point de vue économique et moral, devenait si simple et si facile... Pas besoin d'une lutte économique de chaque jour entre l'exploiteur et l'exploité, nulle nécessité de pratiquer dès aujourd'hui la solidarité entre les hommes... rien de semblable. Il suffit que les ouvriers votent pour les députés qui se disent socialistes, que le nombre des derniers augmente jusqu'à devenir une majorité au Parlement, et alors on décrétera un collectivisme ou communisme d'Etat, et tous les exploiteurs se soumettront paisiblement au vote du Parlement. Ils ne tenteront pas la moindre résistance, car leur nombre, selon la loi de concentration capitaliste, aura infiniment diminué.

Quelle belle et facile perspective ! Pensez donc ! sans effort, sans souffrance, une loi fatale nous prépare un avenir de bonheur. Il est si attrayant d'envisager les difficultés d'un problème ardu au travers de couleurs riantes, surtout quand on est illusionné au point d'avoir la profonde conviction que la science elle-même, la philosophie moderne nous enseignent cette vérité si consolante. Et justement cette prétendue loi présente, dans l'exposé de Marx, tous les attributs d'une vérité absolue de la science et de la philosophie modernes.

« L'appropriation capitaliste, conforme au mode de
« production capitaliste, constitue la première néga-
« tion de cette propriété privée qui n'est que le corol-
« laire du travail indépendant et individuel. Mais la
« production capitaliste engendre elle-même sa propre
« *négation avec la fatalité qui préside aux métamor-*
« *phoses de la nature.* C'est la négation de la négation... »
(*triade* absurde de la dialectique métaphysique !)
« L'expropriation s'accomplit par le jeu des lois im-
« manentes de la production capitaliste, *lesquelles*
« *aboutissent à la concentration des capitaux.* Corré-
« lativement à cette centralisation, à l'EXPROPRIATION DU
« GRAND NOMBRE DE CAPITALISTES PAR LE PETIT, etc. (1)...
« A mesure que *diminue* le nombre des potentats du
« capital *qui usurpent et monopolisent* tous les avan-
« tages de cette période d'évolution sociale, s'accroît
« la misère. » (*Capital*, p. 342, édition française.)

---

(1) Dans le texte anglais publié par Engels après la mort de Marx, il y a la phrase : « Un capitaliste tue beaucoup de capitalistes. »

Oui, la misère s'accroît, mais non chez la bourgeoisie, non chez les petits capitalistes, mais bien chez les ouvriers, chez les producteurs.

Depuis la publication du *Capital,* il s'est écoulé trente ans; depuis que Marx formula cette loi qui doit agir « avec la fatalité qui préside aux métamorphoses de la nature », cinquante ans pleins se sont écoulés. Selon toute probabilité, la loi devrait être justifiée au moins par quelque phénomène économique. Durant ce temps-là, la production et l'échange ont pris un élan inouï, les immenses fortunes privées, des milliards ont surgi, des compagnies colossales se développèrent... selon cette loi, il faudrait que le nombre des petits capitalistes ait diminué. En tout cas, *aucun accroissement dans leur nombre ne devrait avoir eu lieu...* n'est-ce pas? Essayons de voir ce que nous dit la statistique d'Angleterre. Je me borne à ce pays, parce qu'il est renommé pour un pays de production capitaliste par excellence, et parce que Marx lui-même basait toutes ses spéculations dialectiques sur l'analyse de la vie économique d'Angleterre, sans tenir compte du restant de la terre.

D'abord quelques chiffres sur l'enrichissement général.

Les richesses nationales de l'Angleterre se sont accrues depuis le commencement de ce siècle comme il suit:

En millions de francs :

	1812	1840	1860	1888
Maisons	6.375	7.000	8.750	10.350
Chemins de fer. .	—	525	8.700	21.625
Flotte.	375	575	1.100	3.350
Marchandises. . .	1.250	1.550	4.750	8.600
Ameublement, objets d'art, etc. .	3.250	9.250	14.500	30.300
Totaux	11.250	18.900	37.800	74.225

Ces chiffres nous indiquent bien clairement la véritable origine de la formation des grandes fortunes. En prenant la somme totale des richesses, sans compter la valeur des maisons, nous voyons que la somme

modeste de 4.875 millions de 1812 s'est élevée en 1888
à 63.875 millions, autrement dit a été multipliée par
TREIZE.

Le même progrès dans l'accroissement des richesses
s'observe dans tous les pays civilisés. Pour la France,
d'après les tableaux de Fournier de Fleix et Yves Guyot,
les chiffres correspondants sont les suivants :

En millions de francs :

	1824	1840	1873	1888
Maisons	7.750	18.000	28.950	42.602
Chemins de fer . .	—	250	6.750	13.300
Flotte	175	175	300	325
Marchandises . .	475	575	3.000	3.875
Ameublement, ob- jets d'art, etc. .	6.375	9.000	16.875	21.300

Pour mieux en connaître le mode de distribution,
il faut consulter les chiffres d'impôt de testaments,
d'héritages et de successions.

D'après les rapports officiels pour les années 1886-
1889, il y avait en Angleterre à cette époque :

Classes des possesseurs.	Nombre de familles.	Propriété éva-luée par famille.	Valeur totale des propriétés.
Millionnaires .	700	21.750.000	14.962.000.000
Très riches . .	9.650	4.750.000	45.850.000.000
Riches	141.250	662.500	88.200.000.000
Moyennes . . .	730.500	80.000	98.400.000.000
Nécessiteuses .	2.008.000	8.000	14.000.000.000
Pauvres . . .	3.916.000	—	—

Que ces chiffres sont instructifs : 882.100 familles
possédant 217 milliards ! tandis que les deux millions
de familles à 8.500 francs ont seulement 14 milliards.

Voyons de combien ont varié les chiffres depuis
1845-1850, époque à laquelle la loi de Marx a été formulée.

Années.	Propriété laissée en moyenne par chaque décédé.
1837-1840	2.325 francs.
1841-1850	2.475 »
1861-1870	4.000 »
1871-1880	5.250 »
1881-1885	6.775 »

En évaluant la moyenne d'accroissement à 125 francs

par an, nous trouvons que, cette année (1896), chaque sujet de Sa Majesté britannique pourrait disposer d'une fortune moyenne de 8.000 francs, ou chaque famille ouvrière de plus de 40.000 francs. Et l'on voudrait nous persuader qu'en Angleterre, de nos jours, il ne serait pas possible de réaliser le bien-être pour tous !... Mais revenons à nos chiffres. D'après le rendement de l'impôt sur les successions, nous avons les chiffres suivants :

Années :	1840	1877
Fortunes de 2.500 à 125.000 francs	17.936	36.438
Fortunes au-dessus de 125.000 francs	1.989	4.478

A partir de 1887, l'accroissement de l'impôt sur les successions ainsi que celui sur le revenu progressent comme il suit :

Années.	Héritages.	Revenu de l'Etat. Impôt sur le revenu.
1876-1877	126 millions	125 millions
1880-1881	151 »	251 »
1884-1885	176 »	300 »
1888-1889	160 »	316 »
1890-1891	175 »	331 »
1892-1893	230 »	245 »

(Ces chiffres sont un peu au-dessous de la réalité.)

Il ne faut pas oublier que les fortunes au-dessous de 100 livres sterling (2.500 fr.) sont libérées d'impôt de succession.

En 1840, il y avait seulement 5,4 0/0 de toute la population payant 500 francs et plus d'impôts par an ; en 1880, ce rapport monte à 14,5 0/0. Depuis 1850, l'accroissement du nombre des contribuables gagnant plus de 5.000 francs par an suivit la progression suivante :

Années.	Nombre de contribuables.	Par 10.000 habitants.
1850	65.389	23
1860	85.539	30
1870	130.375	42
1880	210.430	63
1886	250.000	70

On voit qu'en trente-six ans, le nombre des contribuables ayant un revenu annuel supérieur à 5.000 francs a quadruplé et relativement à la population a *triplé*.

Tous les chiffres précédents nous montrent l'énorme enrichissement de la bourgeoisie, mais pour revenir à notre sujet, il nous reste à voir si cet accroissement ne s'est pas accompli au profit des gros par la ruine des petits capitalistes. Pour éviter de donner la moindre prise aux objections, je me bornerai exclusivement aux données fournies par les tableaux de l'impôt sur le revenu, sur l'industrie, le commerce et les banques. Comparons les chiffres à vingt ans de distance pour que l'influence de la prétendue loi puisse mieux se manifester. Prenons le nombre des contribuables en 1868-1869, et celui de 1889.

Revenu annuel en francs.	Nombre des contribuables 1868-1869.	1889.	Accroissement pour 100.
De 3.750 à . 5.000	92.593	162.714	
Jusqu'à . . . 7.500	57.650	105.761	
» 10.000	24.854	45.433	
» 12.500	12.421	18.462	
	187.518	333.070	77.7
» 15.000	9.528	11.964	
» 17.500	5.485	7.423	
» 20.000	3.410	4.671	
» 22.500	3.059	3.961	
	21.482	28.019	30.4
» 25.000	1.222	1.831	
» 50.000	8.959	11.850	
» 75.000	2.666	3.562	
» 100.000	1.320	1.692	33.6
	14.167	18.935	
» 250.000	1.360	1.859	
» 1.250.000	740	969	
Au-dessus de 1.250.000	52	79	
	2.152	2.907	35.0

Augmentation de la population pendant le même laps de temps 20.0

(Un seul des nombres ci-dessus ne se rapporte pas à l'année 1869, mais à 1875-76. C'est celui de 92.593 représentant le nombre de contribuables ayant un revenu de 3.750 à 5.000 francs.)

Il résulte de l'examen de ce tableau une constatation

qui ne s'accorde guère avec la prétendue loi. Tout au contraire.

Ni le nombre des « potentats » du capital, ni celui des petits capitalistes n'a diminué. Le nombre des derniers a augmenté beaucoup plus vite que celui des premiers. Tandis que chez les riches nous trouvons un accroissement de 30 0/0, chez la petite bourgeoisie l'accroissement est de 77 0/0. Cela veut dire que pendant que les endormeurs bernaient le peuple en lui chantant que le nombre de ces exploiteurs diminuait, en réalité ce *nombre* augmentait si bien qu'il a *triplé* de 1850 à nos jours. On s'est trompé, alors, sur l'effet de cette loi de la métaphysique allemande? cette loi « *d'expropriation du grand nombre des capitalistes par le petit?* » Comment s'est-il fait qu'une loi qui agit « *avec la fatalité qui préside aux métamorphoses de la nature* » se manifeste dans la vie réelle par des résultats tout contraires à ses prescriptions ?

Mais tout simplement parce que jamais une loi pareille n'exista! L'erreur provient de l'influence néfaste exercée par la métaphysique hégélienne avec l'aide de la méthode dialectique patronisée par Marx et Engels. Et cette influence a pénétré aussi bien en morale et en art que dans le socialisme.

Et dire que, pendant quarante ans, on a répété aux ouvriers du monde civilisé ce néo-fatalisme métaphysique aussi beau que celui des musulmans !... Non seulement les ambitieux ignorants composant le parti marxiste français ainsi que la nouvelle couche d'aristocratie européenne, connue sous le nom de « députés socialistes », mais encore des hommes de grande valeur et de grand courage, de large instruction et de haut talent, répètent la même erreur...

Si seulement on savait quel tort cette loi fataliste porta au socialisme moderne! C'est grâce à elle que dans le « Manifeste du parti communiste » Marx et Engels formulèrent que l'émancipation de la classe ouvrière doit se faire par une lutte de classes et que la lutte des classes est *toujours une* LUTTE POLITIQUE; c'est elle qui fait la base de la tactique social-démocratique ; c'est à elle que nous sommes redevables du non-sens qui fait de la question sociale une simple question de réformes politiques; enfin, c'est elle qui a donné aux ignorants de la nouvelle aristocratie allemande l'audace de présenter au Congrès socialiste international de Zurich, en 1893, une résolution socialiste ainsi conçue :

« La lutte contre la domination et l'exploitation de la classe dirigeante doit être *politique* et avoir pour but la *conquête du pouvoir politique.* »

Cette formule est la négation même du socialisme.

La puissance des classes dirigeantes s'appuie sur les richesses produites par le peuple et détenues par elles. Par conséquent, pour s'émanciper de leur domination, il faut que le peuple cesse de se laisser dépouiller par ces classes du produit de son travail. Il faut, comme disaient Owen et Thompson, que l'ouvrier retienne pour lui la plus-value. C'est non par une lutte politique qu'on la retiendra, mais par la lutte économique; non par le bulletin de vote, mais par les grèves; non par une comédie parlementaire, mais par une grève générale bien organisée et triomphante que le peuple pourra inaugurer une ère nouvelle, — l'ère de l'égalité économique et sociale, de solidarité éclairée par la lumière de l'instruction intégrale réellement scientifique et non métaphysique.

VI

Quelques opinions sur la concentration du capital.

Nous avons vu qu'en dépit de la loi imaginaire de la métaphysique allemande le nombre des exploiteurs augmente. Le nombre des défenseurs de l'ordre actuel, au lieu de se réduire à un « nombre décroissant de potentats du capital », a triplé de 1850 à 1886, par rapport à la population. Telle est la constatation qui résulte de l'examen des chiffres officiels fournis par les « Livres bleus ». Mais si nous consultons les ouvrages de spécialistes célèbres, tels que MM. Mulhall et Giffen, qui prennent une période de temps un

peu plus longue, nous obtenons des résultats tout
aussi frappants. Dans leurs « ouvrages classiques »,
ces auteurs donnent des chiffres précisément à partir
de l'époque à laquelle Engels et Marx ont commencé
à prêcher le fatalisme économique, l'émancipation
sociale par la toute-puissance de l'Etat et le légalisme
politique dans la vie économique (1).

D'après Mulhall (2) et R. Giffen (3), l'accroissement
du nombre des propriétaires, de 1833 à 1882, donne le
tableau suivant :

En	Nombre d'héritages.	Valeur générale.	Par chaque propriété.
1833	25.368	1.372.175.000 fr.	54.000 fr.
1882	55.359	3.508.000.000 »	62.000 »
Accroissement	29.991	1.135.825.000 fr.	8.000 fr.

« Nous voyons, dit R. Giffen (p. 396), que le nom-
« bre des capitalistes augmente ; ils forment pourtant
« une minorité dans la nation. 55.000 propriétés
« héritées par an représentent de 1 million et demi
« à 2 millions d'individus qui possèdent une pro-
« priété soumise à l'impôt » (celles d'une valeur supérieure à 2.500 francs).

Payaient en impôt sur le revenu :

En	De 3.750 fr. à 12.500.	De 25.000 et au-dessus.
1843	87.946 hab.	7.923 hab.
1889	333.070 —	21.842 —
Accroissement :	370 0/0	228 0/0

A partir de 1840, l'accroissement des classes possé-

---

(1) Les marxistes prétendent que c'est leur maître qui donna
le premier l'explication matérialiste de l'histoire. Nous verrons
plus loin comment les idées de Vico, de Locke, de Saint-
Simon, de Quételet, de Buckle, de Rodgers furent attribuées
à Marx. Je veux seulement indiquer ici la contradiction de
ceux qui affirment la prédominance de la lutte et du développement économique dans l'humanité, et qui veulent, en
conséquence, astreindre les ouvriers à adopter avant tout, en
vue de leur émancipation économique et sociale, la lutte...
politique et légale.

(2) *Dictionary of statistics. 50 years of national progress.*

(3) *Essays on finance.*

dantes, selon M. Mulhall (*op. cit.*, p. 24), fut quatre fois plus rapide que celui de la population en général. On constate qu'en 1840 sont morts 97.675 individus possédant moins de 2.500 francs, tandis qu'en 1877 ce nombre tombait à 92.447; cependant la population augmentait dans un rapport supérieur à 26 0/0.

Le nombre des magasins et des boutiques (Mulhall, *Dictionary*, etc.) augmentait comme il suit :

Années.	Nombre des boutiques.	Rentes en francs.
1875	295.000	357.500.000
1886	366.000	472.000.000
Accroiss. en 11 ans :	71.000	115.000.000

Il paraît donc que les grands magasins anglais analogues au Bon Marché et au Louvre n'ont pas décimé ces marchands parasites, ces petits capitalistes sur le sort desquels les orateurs marxistes pleurent si souvent, pauvres victimes dévorées, d'après leur prétendue loi, par les grands magasins (1).

Dans le nombre des établissements capitalistes par excellence, les banques, nous voyons le même accroissement. « Il y avait en Angleterre (1886) 110 banques en société avec un capital de 2 milliards 500 millions de francs et appartenant à 90.000 actionnaires. Nous ne comptons pas les 47 banques des colonies. » (Mulhall, *op. cit.*, p. 66.)

De n'importe quel côté que nous envisagions la question, toujours et partout le nombre des exploiteurs augmente. Il faut être plus que naïf pour répéter l'absurdité que, le nombre de possesseurs du capital étant réduit par la loi fataliste à une minorité infime, la bourgeoisie se soumettra gentiment à l'expropriation votée par un parlement. Si en 1848 ils ont ensanglanté Paris en combattant les revendications socialistes du peuple, nous pouvons être certains d'avance de leur conduite future, car depuis leur nombre a triplé, et leur férocité n'a point diminué. La semaine sanglante de 1871 est d'un augure assez peu favorable pour les optimistes et les parlementaires...

---

(1) Il n'est pas douteux que le fait n'existe, mais il n'est qu'un des aspects d'un phénomène général de va-et-vient.

VII

Le rôle de l'Etat dans l'économie sociale.

Si la loi de la concentration capitaliste détourna beaucoup de socialistes de la lutte économique et poussa les masses exclusivement vers l'agitation électorale, ce fut un mal, mais un mal partiel. En Allemagne, par exemple, où le parti social-démocrate se vante d'un succès inouï, les conditions du travail sont très inférieures, non seulement à celles de l'Angleterre, où la masse lutte toujours sur le terrain économique, mais à celles de la France (1). Et pourtant le mal reste partiel, car la majorité des travailleurs, instinctivement, s'en tient à la lutte économique par les grèves. Mais si nous assistons de nos jours à un développement néfaste de la toute-puissance de l'Etat qui centralise tout, paralyse les forces productives et la vie intellectuelle, enchaîne la population européenne et dévore les peuples par ses millions de fonctionnaires et ses armées permanentes, et si surtout la masse populaire se soumet au despotisme de n'importe quelle autorité, la responsabilité en incombe en grande partie à l'école social-métaphysico-autoritaire et démocratique allemande.

Avant que la doctrine social-démocratique ne prît un développement important, tous les esprits indépendants, tant dans la bourgeoisie que dans le peuple, tâchaient d'amoindrir l'influence de l'Etat dans la vie sociale, de réduire le nombre de ses fonctionnaires et d'alléger sa responsabilité financière. Sous l'influence de la révolution dans l'Amérique du Nord et de la fondation des Etats-Unis, les idées d'autonomie et de fédéralisme commencèrent à gagner les sympathies des masses. Les libéraux-politiciens aussi bien que

---

(1) Il serait intéressant de comparer les résultats du mouvement socialiste (ou plutôt ouvrier) dans les différents pays. Le camarade qui voudra faire un travail là-dessus trouvera des renseignements remarquables dans les Blue-Books (livres bleus) de 1893 et dans les rapports consulaires.

les socialistes avant 1848 étaient tous partisans de la pleine autonomie des groupes productifs. Louis Blanc, lui-même, cet admirateur des Jacobins de la Convention et de leur devise : « République une et indivisible », reconnaît dans son projet d' « organisation du travail », au sujet des « ateliers nationaux », que « le crédit aux pauvres étant organisé, l'Etat n'aurait plus aucun droit de s'immiscer dans la vie autonome des associations ». Mais la social-démocratie s'étant mise à prêcher qu'il faut laisser l'Etat tout absorber, tout centraliser, et qu'un beau jour, au lieu des Hohenzollern et de Bismarck, ce seront des Liebknecht, des Engels et des Bebel qui, appuyés sur l'armée du travail (1), nous organiseront un paradis terrestre, toute idée d'autonomie est tournée en ridicule, le fédéralisme fut poursuivi dans l'Internationale, et Liebknecht déclara avec un orgueil bien risible : « Je suis l'adversaire de toute république fédérative (2). »

Nous connaissons déjà suffisamment leur théorie fondamentale en économie. Voyons un peu si leur amour pour l'Etat est mieux justifié que leur fatalisme économique. Dans l'analyse qui suit, je me bornerai exclusivement à la France, avec son Etat centralisé et tout-puissant.

Tout le monde sait que chaque événement de la vie sociale et organique est accompagné d'une dépense de force. Si les dépenses d'une entreprise en surpassent les profits, les hommes de bon sens l'abandonnent. Il en est de même dans la vie sociale : une institution nuisible finit toujours par être rejetée. Du temps de nos pères, quand la métaphysique allemande avec ses lois et ses hypothèses fantaisistes n'avait pas encore

---

(1) Il paraît que ces messieurs se proposent sérieusement pour le commandement de l'armée du travail. Bebel assistait au dernier congrès des social-démocrates à Vienne, non comme un simple délégué, mais comme un général, une tête couronnée, venant faire une revue, selon ses propres expressions.

(2) ... *dass Ich Gegener jeder Fœderativ-Republick bin. Volksstaat,* March 1872. p. 2 (*Mémoire de la Fédération jurassienne* p. 284.

envahi le socialisme, tout le monde se révoltait contre
les dépenses inutiles de l'Etat, contre la charge écra-
sante de l'impôt. Et que prenait-il alors?
Le tableau suivant nous l'indique:

Années :	1750	1810	1850	1889	Accroissement de 1750 à 1889.
Allemagne. .	175	287	693	3.807	22 fois
France. . . .	355	1.000	1.275	3.045	9 »
Russie. . . .	40	275	975	2.220	55 »
Italie	37	113	300	1.700	48 »

Les colonnes «Dépenses de l'Etat en millions de francs.» comprennent les années 1750, 1810, 1850, 1889.

Ils étaient donc bien niais les gens de la grande
Révolution, en se soulevant contre les charges d'Etat!
Le socialisme « scientifique » enseigne aux peuples
qu'il faut supporter avec joie des dépenses 22, 48 et 55
fois plus fortes qu'autrefois. Mais moi, anarchiste ignorant, j'approuve la révolte de nos grands-pères et je
signale l'état de ruine complète du peuple en Russie,
où les charges sont 55 fois plus lourdes qu'autrefois,
la misère de l'Italie avec une augmentation de
charges analogue, et l'Allemagne où fleurit la social-
démocratie et où les ouvriers travaillent jusqu'à 15 et
18 heures par jour pour un salaire de 2 francs.

Mais, dira-t-on, si les dépenses d'Etat sont augmen-
tées, c'est le peuple qui en profite. Vraiment? Essayons
de voir cela de près.

Le budget de la France en 1892 demandait
3.780.077 692 francs.

De cette somme énorme, on donnait à la bourgeoisie en intérêts sur la Dette pu-
blique. . . . .   1.284.191.374 fr.

A la même bourgeoisie pour
administration des finances, per-
ception d'impôts, gouverne-
ment, etc . . . .   1.193.494.440   »

A la même bourgeoisie pour
fournitures de l'armée, au moins
un tiers des dépenses militaires,
soit . . . .   285.142.000   »

Allocation totale de la bour-
geoisie. . . . . . . (A reporter)   2.762.827.814   »

Report	2.762.827.844	»

Si nous ajoutons les dépenses militaires qui sont destinées à la protection de la même bourgeoisie . . . . 570.282.000 »

Il reste une somme bien modeste de. . . . . 446.967.878 »

pour l'instruction, les postes et les travaux publics, sur lesquels la bourgeoisie gratte bien une bonne part.

Au budget de l'Etat, il faut ajouter 500 millions de budgets municipaux dont un tiers est distribué aussi entre les gouvernants et les exploiteurs... Nous constatons que l'Etat, si adulé et si prôné par les métaphysiciens allemands, dépouille, chaque année, le peuple français, au profit de la bourgeoisie, de trois milliards et demi! C'est une jolie somme à distribuer. Elle représente un tiers de tout ce dont la bourgeoisie tout entière spolie le peuple par l'exploitation directe. Car, d'après les calculs de Leroy-Beaulieu, le revenu annuel de toute la France est égal à 25 milliards de francs, lesquels sont partagés à peu près comme il suit :

A l'Etat reviennent . . . . . . 4.000.000.000 fr.

A la bourgeoisie, en comptant 9 millions de producteurs gagnant, pour les patrons, 2 fr. 50 par jour. . . . . 8.212.000.000 »

Consommation nationale, en comptant 0 fr. 50 par jour et par tête. . . . . 7.300.000.000 »

Frais de la production . . . 5.488.000.000 »

Trois milliards et demi donnés par l'Etat, plus de huit milliards arrachés sous la protection du même Etat, soit près de douze milliards que les exploiteurs de France peuvent partager entre eux chaque année.

A présent, lecteurs, comprenez-vous pourquoi le nombre des capitalistes augmente sans que les millionnaires dévorent la petite bourgeoisie? Avec cette énorme somme, on peut créer en France par an

11.712 millionnaires, 23.424 fortunes de 500.000 francs; ou plutôt, cette somme se répartit dans la bourgeoisie tout entière : elle nous gouverne, fait les lois à son profit, prospère et se multiplie.

D'ordinaire on déclame beaucoup contre l'exploitation accomplie par les plus petits entrepreneurs privés et en même temps on chante la gloire et les bienfaits de l'Etat, ce Moloch des temps modernes; on lui sacrifie l'individu, le bien-être, la liberté et l'honneur de tous. Mais ce fétiche impose ses propres conditions, ses besoins aux masses subjuguées. Et, quelle que soit la forme du gouvernement, il épuise les forces productives et la vie sociale d'une nation. Un des besoins les plus immoraux de l'Etat — soit sous la monarchie despotique, constitutionnelle, ou sous la République — est d'augmenter le nombre de ses fonctionnaires, c'est-à-dire d'augmenter le nombre de parasites vivant sur l'ouvrier. La statistique française est bien éloquente à ce sujet.

En 1855, quand les idées du « Manifeste Communiste » n'étaient pas répandues dans les masses, tout le monde traitait de bandits et de gaspilleurs les Napoléon, Morny, Persigny et autres héros du coup d'Etat de 1852. Quelles étaient les sommes dépensées pour les fonctionnaires à cette époque? Elles étaient énormes : 241 millions pour le traitement, et 30 millions pour les pensions. Depuis lors jusqu'à 1870, l'augmentation pour les besoins du parasitisme national fut toujours en accroissement, et les hommes et les partis de progrès ne cessaient de protester.

Mais voici que l'empire est tombé. Le peuple espérait que la République, cette Marianne si chère, le soulagerait de ces charges écrasantes, diminuerait le parasitisme national. En vain il se berçait de pareilles espérances. L'Etat républicain se montra encore plus gaspilleur. Qu'on en juge par ce tableau :

Années.	Traitements.	Pensions.
1855	241 millions	30 millions
1870	296 —	30 —
1880	440 —	47 —
1893	517 —	81 —

et le nombre de fonctionnaires a monté jusqu'à 800.000 individus !

Il ne faut pas croire que ce soit une maladie spéciale aux républicains français. En Russie, en Allemagne, en Italie, partout, l'accroissement du parasitisme est aussi rapide. Il en est de même aux États-Unis, où les pensions aux fonctionnaires sont la plus grande charge publique et vont toujours en progression. Si on examine les dépenses d'administration, de la dette nationale et des pensions, on aura pour l'année 1892 :

Administration	100	millions de dollars
Intérêts dette publique	23	—
Pensions	125	—
Total . .	248	—

Le budget tout entier est de 409 millions de dollars ; autrement dit, plus de la moitié des dépenses est employée directement pour ceux qui ne produisent rien.

Et on prône l'État, qu'on croit pouvoir conquérir ! (*Kinder Glauben!*)

Mais avez-vous observé que l'État joue non seulement le rôle de protecteur de l'exploitation capitaliste, mais que lui-même et directement contribue pour un tiers à cette exploitation ? Et l'on prêche au peuple qu'il faut laisser à l'État un monopole absolu dans la vie économique !...

Que diriez-vous, lecteurs, si je vous conseillais, pour la solution de la question sociale, de laisser aux capitalistes la pleine liberté de ruiner le peuple, de vous soumettre avec joie à cette misère et au déshonneur qu'ils lui imposent ? Que penseriez-vous de ma sincérité, si je vous prêchais la soumission et l'esclavage sous prétexte qu'un beau jour toutes les richesses accumulées et gaspillées par vos oppresseurs pourront, grâce au miracle d'une loi fantaisiste, devenir la possession de vos arrière-petits-enfants ?...

Tel est justement le cas de ces beaux messieurs qui vous chantent la bienfaisance de l'État, sans vouloir se rendre compte de son exploitation dans l'économie de la vie sociale.

VIII

L'explication matérialiste de l'histoire.

Nous connaissons déjà la valeur des « grandes découvertes » qu'Engels attribua à Marx et à lui-même indirectement ; nous connaissons aussi le rôle d'exploiteur et d'oppresseur dévolu à l'Etat si cher aux disciples d'Engels. Il nous reste à étudier la troisième découverte, celle de « l'explication matérialiste de l'histoire ». Ecoutons la définition qui en est faite par Engels (1) :

« La conception matérialiste de l'histoire se base
« sur cette idée : que la production et l'échange
« des produits, valeurs, etc., forment le fondement
« de toute organisation sociale ; dans chaque société
« humaine, la répartition des richesses et la forma-
« tion des classes ou des états dans la société sont le
« résultat du mode de production et d'échange prati-
« qué par la société. »

L'idée elle-même, sauf quelque exagération dans l'affirmation, est juste : le mode de production nous indique l'état de la culture et de la civilisation de telle société, de telle période historique. Mais cela était connu bien avant 1845 et même avant le 28 novembre 1820, jour de naissance de F. Engels (2). Seulement, on appelait cela le rôle, l'influence des facteurs économiques dans l'histoire. Mais l'ensemble des facteurs économiques, que nous appelons économisme, n'est pas encore le matérialisme. Le mode de produc-

---

(1) Tous les compilateurs social-démocrates de tous pays déclarent que l'exposé de ce matérialisme dans l'histoire a appartenu à Engels, et que Marx en formula seulement le principe. Nous verrons plus bas que l'auteur de cet exposé quelque peu étrange est en pleine contradiction avec Marx. Ce dernier, révolutionnaire de conviction, n'a jamais nié le rôle de la force et de la lutte dans l'histoire ; jamais non plus n'affirma-t-il que les sciences inductives « sont connues sous le nom de métaphysique ».

(2) M. Kerkup, dans son *History of socialism*, indique aussi que cette espèce de matérialisme était connue bien avant Marx.

tion est seulement *un* facteur, ou plutôt un élément parmi beaucoup d'autres qui servent aux généralisations évolutionnistes, connues sous le nom des doctrines matérialistes. La partie ne peut contenir le tout; l'économisme ne constitue pas la doctrine matérialiste. Nous connaissons beaucoup d'auteurs qui admettaient l'influence des conditions et des relations économiques sur le développement de l'humanité, et qui, en même temps, étaient non seulement idéalistes et métaphysiciens, mais déistes accomplis, chrétiens fervents. Voici Guizot, qui traçait l'histoire de l'antagonisme des classes en Angleterre au dix-septième siècle et qui était bigot comme un trappiste. Voici Niebuhr, le grand fondateur de l'école historique allemande, dont Mommsen est un des plus brillants représentants. Niebuhr, encore au commencement de ce siècle, déclara que la légende de Tite-Live sur l'origine de Rome doit être rejetée et qu'il faut étudier l'histoire d'après les conditions et les institutions économiques et sociales du peuple romain. De là datent les études classiques sur la législation agraire de Licinius Stolon et des Gracchus; de là les recherches minutieuses de Mommsen... Mais Niebuhr, Mommsen et toute l'école allemande étaient bien loin du matérialisme...

Même, si nous remontons jusqu'au premier historien qui ait indiqué l'influence des conditions cosmiques et économiques sur le progrès et le développement de l'humanité, si nous allons consulter Vico (1668-1744) et son traducteur français Michelet, qui à son tour, dans ses recherches sur l'origine du droit français, insistait sur l'état économique de la nation, nous trouvons qu'ils ne font aucune mention du matérialisme. Adam Smith, autre homme de génie, fondateur de l'économie politique, celui qui donna en 1776 les deux formules fondamentales : a) le travail est la seule source de la richesse sociale, b) et l'augmentation des richesses dépend des conditions économiques et sociales du travail et du rapport entre le nombre des producteurs et celui des non-producteurs, — eh bien, ce modeste philosophe n'a jamais prétendu au matérialisme. — Un autre économiste, A. Blanqui.

moins profond et moins original que A. Smith, formulait en 1825 comme il suit le rôle des éléments économiques dans l'histoire :

« ... Je ne tardai pas à m'apercevoir qu'il existait
« entre ces deux sciences (l'histoire et l'économie poli-
« tique) des rapports tellement intimes qu'on ne pouvait
« les étudier l'une sans l'autre, ni les approfondir sé-
« parément... La première fournit les faits ; *la seconde*
« *en explique les causes...* Je suivis pas à pas les grands
« événements... il n'y a jamais eu que deux partis en
« présence : celui des gens qui veulent vivre de leur
« travail et celui des gens qui veulent vivre du travail
« d'autrui... Patriciens et plébéiens, esclaves et affran-
« chis, guelfes et gibelins, roses rouges et roses
« blanches, cavaliers et têtes rondes, libéraux et ser-
« viles — ne sont que la variété de la même es-
« pèce. »

L'économie politique *explique* les causes des événements historiques, dit Blanqui ; ses contemporains Mignet, Augustin Thierry, etc., disent de même. En Angleterre, J. S. Mill, dans son analyse du premier volume de l'*Histoire de France* par Michelet, en faisant la classification des écoles historiques, définit, avec sa lucidité habituelle, que l'histoire, comme science moderne, s'occupe des causes et des lois sociales et cosmiques qui régissent le développement de l'humanité (*Dissertations et Discussions*). — H. T. Buckle, dans la belle tentative qu'il fit de retracer l'influence des lois cosmiques, des conditions sociales et même de la nourriture dans l'histoire, dit que « l'accumulation de
« la richesse est un des premiers facteurs, et, sous
« beaucoup de rapports, un des plus importants »
(p. 38. Voir aussi pages 48, 50 à 53.) Un contemporain de Marx et Engels, mais qui les ignorait complètement, T. Rogers, l'auteur du grand ouvrage : *Six siècles de travail et de salaire*, publia son volume de l'*Interprétation économique de l'histoire*, où il analyse toute l'histoire d'Angleterre au point de vue économique. — Peut-on appliquer l'épithète de matérialiste à aucun de ces savants de nationalités différentes ? Certainement non. Ils furent des savants, des cher-

cheurs de la vérité; ils appliquèrent la méthode des recherches scientifiques à l'étude de l'histoire et ne purent donner aux résultats de leurs travaux que le nom d'explication économique de l'histoire.

Comment est-il donc arrivé qu'Engels, écrivant spécialement pour les ouvriers qu'écrase un travail incessant et qui n'ont ni le temps ni les moyens de vérifier ses assertions, comment se fait-il qu'Engels appelât « matérialisme » ce que les savants appelaient économisme? Pourquoi, au lieu de dire aux ouvriers : « Mes amis, la science *tout entière* démontre que le bien-être et le développement du genre humain est créé par votre travail, que l'avenir de l'humanité dépend de notre bonheur et des conditions favorables à notre activité productive (A. Smith), que, par conséquent, il est obligatoire pour la classe ouvrière de détruire *au plus tôt* l'organisation de l'État et des classes exploitrices et oppressives... » pourquoi, je le demande, au lieu de faire un exposé scientifique, a-t-il raconté de telles histoires aux braves et honnêtes gens qui le croient sur parole? Et quel résultat obtient-on par cette méthode plus qu'étrange? C'est ainsi que des politiciens, hommes sans scrupule, que leur ignorance complète rend incapables du moindre travail intellectuel, apprennent par cœur deux petites brochures d'Engels et une vulgarisation de Marx, puis se posent comme hommes de science. Une fois envoyés au Parlement par les ouvriers abusés dans leur bonne foi, ils déclarent que jamais avant eux le socialisme n'a été représenté au Parlement... Comme si jamais L. Blanc, Proudhon et autres n'avaient existé!

Mais quelle déception pour les gens honnêtes d'apprendre plus tard la mystification dont ils ont été victimes!

Je me souviens d'une discussion avec un social-démocrate, jeune homme possédant une bonne instruction et ayant beaucoup lu, mais, malheureusement, depuis quelques années complètement plongé dans les brochures et publications médiocres du parti, publications *censurées* par Engels ou par Auer. Mon interlocuteur m'avait lu sur un air triomphant, comme

une chose toute nouvelle et complètement « matérialiste », un passage de la polémique d'Engels contre
le professeur Dühring.

« Issue d'une origine animale, l'humanité est appa-
rue dans l'histoire en un état semi-animal : sauvages
impuissants devant la nature, sans aucune idée de
leur propre force et de leurs capacités, les hommes
étaient pauvres et misérables comme les animaux, et
ne produisaient pas plus que ces derniers. »

Au lieu de répondre, je pris les *Ruines* de Volney et
je lus :

« Dans l'origine, l'homme formé nu de corps et
d'esprit se trouva jeté au hasard sur la terre confuse
et sauvage : semblable aux autres animaux, sans
expérience du passé, sans prévoyance de l'avenir, il
erra au sein des forêts, guidé seulement et gouverné
par les affections de sa nature; par la douleur de la
faim, il fut conduit aux aliments;... par les intempé-
ries de l'air, il désira couvrir son corps, et il se fit des
vêtements; par l'attrait d'un plaisir puissant, il
s'approcha d'un être semblable à lui et il perpétua son
espèce. » (*Les Ruines*, Paris, l'an VII de la République).

Il fallait voir la déception du jeune homme...

Si, chez Volney, il manque les deux mots « issu d'ani-
mal », c'est que l'ouvrage de Darwin apparut en 1859, et
Engels, quoique, ainsi que nous le verrons plus loin,
opposé au matérialisme des naturalistes, pour se faire
lire, admet la descendance de l'homme, prouvée par eux.
A part cela, on croirait qu'Engels ait copié Volney...
Mais est-ce que Volney fut l'initiateur des idées
citées? Pas du tout. Esprit éclairé et d'un talent
littéraire hors ligne, il propagea les idées de *son
temps*, et, si je cite Volney et A. Blanqui, c'est bien
pour prouver que l'explication économique n'était
pas, depuis le commencement du siècle dernier, une
conception connue seulement des hommes d'un génie
exceptionnel, mais qu'au contraire elle était une
doctrine adoptée par tous les gens éclairés. Et si
Engels crut qu'en s'assimilant les idées élaborées et
répandues depuis longtemps chez les gens éclairés, et

en en changeant le nom, il devenait un bienfaiteur de
l'humanité, il se trompa étrangement. Et la gloire de
la découverte n'en reste pas moins à Vico et aux
Encyclopédistes, à Adam Smith et aux philosophes
anglais, à Niebuhr et à la brillante école historique
allemande...

La science n'est pas coupable si Engels a fait un
méli-mélo de toutes choses, s'il a amalgamé la métaphysique avec la science, le matérialisme avec
l'économisme, et si ce prétentieux personnage se
prononce contre le matérialisme des naturalistes, le
seul que la science affirme... Car aussi invraisemblable
que ce soit, le fait existe, et les ouvriers allemands,
qui ont eu le malheur de lire les brochures d'Engels,
sont persuadés que la métaphysique de Hegel, c'est la
science avec ses systèmes de transformisme, d'évolution et de monisme, tandis que la science inductive
de Bacon, de Locke, de Lamarck, de Darwin et
de Helmholtz n'est que de la métaphysique. La science
désignait sous le nom de métaphysique une vieillerie
scolastique qui prêcha cette absurdité que la nature
et tout ce qui nous entoure n'est rien d'autre qu'un
reflet de nos idées innées, et que, pour connaître le
monde physique, il faut étudier non la nature, mais
les faits et les phénomènes surnaturels de l'esprit;
de là dériva le mot métaphysique [*méta physika*, au-
dessus de la physique, de la nature — ceci à l'adresse
des *scientistes*].

Le coup mortel à cette stupidité théologique et
supernaturelle fut donné par Bacon et Locke, par
Voltaire et les Encyclopédistes, par toute la philosophie anglaise. Ces glorieux précurseurs de la science
de notre temps ont établi que notre savoir, nos idées
sont le résultat de l'observation et de l'étude de la
nature et que, par conséquent, il faut étudier la
nature et ses phénomènes dans leurs manifestations
et leur origine d'après la méthode inductive... Savez-
vous ce qu'enseigna Engels aux ouvriers?

« Transportée dans la philosophie par Bacon et
Locke, cette méthode (conception inductive de la nature) produisit l'étroitesse intellectuelle bien caracté-

ristique des siècles derniers (?), et créa la méthode de raisonnement métaphysique. »

Cette affirmation d'Engels, plus cette autre également de lui que les doctrines évolutionnistes et transformistes, c'est-à-dire la science des naturalistes, dérivent de la philosophie de Hegel, ne sont ni plus ni moins qu'erreurs flagrantes et contraires à toute la terminologie scientifique. C'est Marx lui-même qui lui donne un démenti solennel :

« Dénoncée et renversée par le matérialisme français, la métaphysique du dix-septième siècle a eu sa revanche et sa restauration dans la philosophie spéculative allemande du dix-neuvième siècle. Depuis que *Hegel a fondé son empire métaphysique universel*, les attaques contre la théologie, analogues à celles du dix-huitième siècle, se sont renouvelées et sont dirigées en général contre toute la philosophie spéculative, contre toute la métaphysique. » (K. Marx, *Sur le matérialisme français au dix-huitième siècle.*)

La science n'est pas non plus coupable si Engels, plongé dans les absurdités métaphysiques, crut, jusqu'en 1842, que le monde, que la nature, cette belle nature vivante et vivifiante, était une expression de ses idées baroques. Car c'est à cette croyance métaphysique, que tout ce qu'il voyait ou lisait devait être un reflet de ses propres idées, qu'il faut attribuer son étrange manie de revendiquer la paternité des idées et systèmes élaborés par la science longtemps avant sa naissance.

Nous ne pourrions pas autrement expliquer ses prétentions ridicules, ses exposés fort peu *scientifiques*. Faut-il supposer qu'il ne soupçonnait même pas l'existence de toute cette littérature historique? Dans ce cas... quel étrange « chef » de la science d'un parti scientifique!... Un exemple montrera la façon d'agir : Il ignorait complètement que l'idée principale de la doctrine athéiste de Feuerbach — que l'homme divinisa sa propre nature humaine dans ses dieux — était un lieu commun chez les philosophes et les publicistes français plus d'un demi-siècle avant la publication de l'ouvrage de Feuerbach. Dans les *Ruines* de Volney, nous

lisons : « ... Ainsi que le monde dont il fait partie,
« l'homme est régi par des lois naturelles, régulières
« dans leur cours, conséquentes dans leurs effets, im-
« muables dans leur essence (page 39)... *Ce n'est point*
« *Dieu qui a fait l'homme à son image; c'est l'homme*
« *qui a figuré Dieu sur la sienne;* il lui a donné son es-
« prit, l'a revêtu de ses penchants, lui a prêté ses ju-
« gements. » (Page 85.)

Engels savait tout ça, dira-t-on. Soit! mais, dans ce
cas, pourquoi a-t-il déployé tant de mauvaise foi et
s'est-il efforcé de créer une confusion plus que déplo-
rable dans la conscience du prolétariat? et dans quel
but détournait-il l'opinion du lecteur? Certainement
pas au profit du socialisme.

IX

Matérialisme et esclavage.

Engels et ses très scientistes disciples ont dénoncé
comme *vulgaire* le matérialisme des naturalistes,
c'est-à-dire toute la science inductive elle-même.
Existe-t-il donc une autre sorte de matérialisme
à l'usage des élus et des privilégiés? — Oui, décla-
rent-ils, il existe un matérialisme dialectique inventé
par nous, et ce matérialisme n'a rien de commun
avec celui des naturalistes.

Matérialisme dialectique! quelle monstruosité et à
quoi ne peut-on pas s'attendre après un pareil
mélange?... Le matérialisme, à notre époque, est la
science inductive elle-même. C'est la base générale
de tout le *savoir* positif, de toute la philosophie
évolutionniste de notre temps, et il n'existe aucune
science. sauf le mélange sophistique, connu sous le
nom de social-démocratie, qui ne soit basée sur le
matérialisme *vulgaire* des naturalistes. Je rappellerai
aux sophistes de l'école d'Engels ce qu'en 1845 Marx
disait à ce sujet :

« Le matérialisme (1) est l'enfant de l'Angleterre...
Le vrai *fondateur du matérialisme et de la science
inductive* des temps modernes *est Bacon*. Pour lui, la
science se compose seulement des sciences naturelles... la science, c'est l'expérience... Induction,
analyse, observation sont les éléments principaux de
la méthode rationnelle. Le mouvement est la propriété inséparable de la matière... et la force qui
crée même les êtres animés... On ne peut séparer
l'idée de mouvement de la matière qui l'engendre...
L'homme est soumis aux mêmes lois que la nature. »

Parlant de l'influence de la philosophie matérialiste
et sensualiste anglaise en France, Marx dit : « On sen-
« tait dans ce pays la nécessité d'un système positif et
« *antimétaphysique*... L'ouvrage de Locke apparut
« juste à propos. »

Comment s'est-il fait, demanderai-je encore aux disciples d'Engels, que Bacon et Locke, les fondateurs
« du matérialisme, de la science inductive et du système antimétaphysique », soient qualifiés par Engels
de fondateurs de la métaphysique? Et comment osent-
ils dire aux ouvriers qu'il existe un autre matérialisme
que celui des sciences naturelles? Et de quel droit eux,
élevés à l'école réactionnaire et métaphysique de Hegel,
s'attribuent-ils l'invention du matérialisme, en combattant le vrai matérialisme des naturalistes? Comment
peuvent-ils dire aux ouvriers que l'explication économique de l'histoire, élaborée par toute la science, fut
découverte par eux et que justement cette découverte
est le vrai matérialisme?

Malgré leur prétention scientifique, je crois qu'Engels et ses disciples ont surtout agi ainsi par ignorance.
Qu'ils écoutent alors ce que dit un grand naturaliste
allemand sur le matérialisme « vulgaire » des sciences
inductives. Peut-être apprendront-ils que les idées de
Bacon et de Locke, adoptées par Marx, alors que ni
lui ni Engels n'aspiraient à une dictature internationale, que ces idées, dis-je, enrichies et développées,

---

(1) Voir son article sur le matérialisme français (1845), repro-
duit par *Die Neue Zeit*.

forment la base de toute la science et de la philosophie
contemporaine.

« Notre conception du monisme, ou philosophie
unitaire, — dit Hæckel (1) — est excessivement claire
et ne comporte pas la moindre équivoque. Pour nous
sont également inadmissibles et l'esprit vivant hors de
la matière, et la matière morte; ils sont combinés in-
séparablement dans chaque atome... Les éléments
simples de la chimie analytique... sont les résultats
de différentes combinaisons d'un nombre variable d'a-
tomes primitifs... L'atome de carbone (le vrai créateur
du monde organique) est, d'après toute probabilité, la
combinaison en tétraèdre de quatre atomes primitifs...
Dès que notre globe se refroidit (selon l'hypothèse
de Laplace) et que la vapeur se condensa en eau,
les atomes de carbone commencèrent leur activité
créatrice, s'unirent avec les autres éléments en com
binaisons plasmodiques et capables de développement
et pendant une longue période notre globe fut habité
seulement par les Protozoaires ou organismes compo-
sés d'une simple cellule... L'histoire de la descendance
animale nous mène pas à pas depuis les êtres les plus
primitifs, à travers les Métazoaires, jusqu'à l'homme...
Notre corps humain fut bâti très lentement, peu à peu,
par une longue série d'ancêtres vertébraux; le même
procédé construisit notre âme... L'âme humaine est
tout simplement la somme de nos sensations, volitions,
pensées, de ces fonctions physiologiques qui ont pour
organe élémentaire les microscopiques cellules-gan-
glions de notre cerveau... Chaque homme de science
est persuadé positivement que les Protozoaires possèdent aussi une âme, et que cette âme-cellule se compose aussi de sensations, de perceptions et de volitions,
les sensations, les pensées et les volitions humaines
ne différant que par la quantité de celles des Protozoaires... A présent, nous savons définitivement que la
vie organique se développa aussi en harmonie avec
des « lois éternelles », les mêmes que celles de l'évo-

---

(1) *Monisme*, conférence tenue le 9 octobre 1892 à Altenburg,
devant la Société d'Histoire naturelle de l'Est.

lution du monde inorganique, formulées par Lyell
en 1830. » Parlant de la morale humaine, Hæckel dit :
« Fais aux autres ce que tu veux qu'ils te fassent.
Cette prescription morale, la plus élevée qu'on con-
naisse, fut enseignée et adoptée durant des milliers
d'années avant le Christ... Nous en héritâmes sous le
nom d'instinct, les mammifères nos ancêtres, vivant
en société, l'ayant déjà pratiquée entre eux. »

L'homme-animal, l'homme produit d'évolution organique au point de vue physiologique et moral, voilà
la base de la science de notre temps. Tous les savants,
même catholiques fervents, comme Secchi et l'abbé
Moigno, ont adopté la doctrine à peu près en les mêmes
termes que Hæckel... En fait, à notre époque, personne ne parle du matérialisme comme d'une doctrine
à part. Je le répète, matérialisme est devenu syno-
nyme de science. Au temps des Encyclopédistes, alors
que la science était envahie par la théologie et la métaphysique, ou au commencement de notre siècle,
quand la doctrine des cataclysmes dominait la géolo-
gie et que Cuvier combattait la doctrine de Lamarck
et de Geoffroy-Saint-Hilaire, à cette époque la contro-
verse sur le matérialisme avait grande importance.
Mais depuis cinquante ans, se dire matérialiste signifie tout simplement ne pas être un ignorant qui nie la
science, ne pas être un théologien, talmudiste, méta-
physicien ou social-démocrate. Pour Engels qui com-
mençait à s'émanciper de l'absurdité métaphysique
sous l'influence de Feuerbach, les doctrines scientifiques durent lui apparaître comme une sorte de révé-
lation. Mais il n'avait aucune raison pour attribuer à
Marx et à lui-même l'invention de ces vérités élémen-
taires de la science moderne.

Et même je doute fort qu'Engels se soit jamais
complètement émancipé de la domination de la métaphysique. Il ne se révèle ni matérialiste ni scientifique quand, dans sa polémique avec Dühring, il nie
toute influence de la force dans l'histoire, ou quand
il glorifie l'esclavage comme un bienfait pour l'humanité.

« En général, lisons-nous chez Engels, la propriété

privée ne fut pas dans l'histoire le résultat du pillage
ou de la violence... Elle provient de causes économiques. La violence n'a aucune part dans sa création...
Toute l'histoire de l'origine de la propriété privée est
basée sur des causes exclusivement économiques, et
pas une fois il n'est besoin pour l'expliquer de
recourir à la violence, au pillage, à l'Etat (1) ou à n'importe quelle autre intervention politique... La propriété doit être créée par le travail avant qu'on puisse
l'approprier par la force... Avant que l'esclavage
devînt possible, il faut que la production et l'inégalité
de la distribution aient déjà existé. »

Pas de violence, pas d'intervention de la force ni
de l'Etat... C'est la production elle-même qui engen-
dra l'inégalité, l'oppression, l'esclavage... Dans ce
cas, quelle abomination, quelle malédiction pour
l'humanité que la production et le travail, qui sont
les seules sources de toutes les iniquités sociales !

Mais, demanderai-je alors, sur quelle théorie s'ap-
puyaient les hommes primitifs, quel capital leur était
nécessaire quand ils se tuaient les uns les autres,
pour se régaler de chair humaine ?

Engels, en vrai sophiste, triomphalement enseigne
à Dühring que Robinson captura Vendredi parce que
le premier était un représentant de la haute culture
et était mieux armé que ce dernier. « Les producteurs
des armes plus perfectionnées triomphèrent toujours
des producteurs inférieurs », ajoute-t-il. Mais Robinson sauvait Vendredi de la peu agréable perspective
d'être mangé par ses nobles concitoyens. Ces derniers
avaient triomphé de Vendredi avant Robinson.
Avaient-ils triomphé par leur éducation supérieure ou
par la force ? Ménélik et les Abyssins ont-ils battu les
Italiens parce qu'ils sont plus avancés en civilisation
et en forme de production, ou parce qu'ils ont été les
plus forts ? Et les barbares ont-ils détruit la civilisation gréco-romaine parce qu'ils étaient plus développ-
pés, plus industrieux et plus civilisés ? Non, c'est la

---

(1) Pourquoi, alors, vouloir conquérir l'Etat ?

force, la brutalité, la violence, qui triomphaient avec eux.

Où Engels a-t-il trouvé sa doctrine néfaste qui légalise l'oppression et l'esclavage? Il a dit maintes fois qu'il exprimait les idées de Marx. Mais ce dernier n'a jamais nié le rôle de la force et de la violence, ni dans la vie économique, ni dans la politique.

« ... L'unité des grandes nations a été *créée par la* « *violence*, et de nos jours elle est devenue un facteur « puissant de la production sociale. » (Marx, *Guerre civile en France en 1870-71.*)

Qui a raison, Marx admettant, conformément à l'histoire, le rôle de la violence, ou Engels prêchant aux ouvriers qu'ils sont exploités, opprimés, d'après leur bonne volonté d'esclaves?

Et puis, sur quoi se base-t-il quand il enseigne que, « sans l'esclavage, la Grèce antique n'aurait pu se dé- « velopper, ni elle, ni son art, ni sa science... » ou que « l'esclavage à cette époque était un grand pas pro- « gressif »? Si l'esclavage fut un facteur progressif dans l'histoire, pourquoi la même Grèce tomba-t-elle dans un état barbare sous la domination turque? L'esclavage fleurit par là jusqu'au commencement de notre siècle. Comment est-il arrivé que, durant vingt siècles, la même Grèce, le même peuple avec le même esclavage, au lieu de continuer son incomparable civilisation, tomba de plus en plus dans un état sauvage?

Je ne connais d'exemple pareil dans aucune littérature, sauf parmi les défenseurs de l'esclavage. Les apologistes du despotisme et de l'esclavage disent au moins qu'ils sont les représentants du pouvoir armé et que le peuple, la « canaille », doit leur obéir. Mais voici le chef du socialisme scientifique qui raconte aux ouvriers que leurs pères se soumettaient volontairement aux riches, que la force n'a point été nécessaire pour les amener à se vendre, eux et leurs enfants, et même qu'ils poussèrent la lâcheté jusqu'à volontairement céder aux riches le droit de la première nuit de noces!

Jamais personne n'avait outragé le prolétariat de la sorte. Pour avancer une pareille assertion, il faut

être un falsificateur avéré dans le domaine scientifique. Pauvre science, que de stupidités et de monstruosités prêcha Engels en ton nom !

Et l'on veut imposer aux ouvriers allemands tout ce
ramassis d'obscurantisme et d'abrutissement comme
un socialisme scientifique... Mais l'ouvrier allemand
est trop intelligent, trop solidaire et trop cordial pour
rester longtemps sous l'empire d'une doctrine pareille.
Et l'on sent déjà les signes de révolte prochaine.

Seulement, les pygmées qui se posent en élèves
scientistes de ce grand maître de la falsification des
idées vont lui rester fidèles : ils sont trop ignorants pour
comprendre et aimer la vérité. Eux aussi, comme leur
maître, appartiennent à cette catégorie d'hommes
condamnés par Dante à errer en enfer en dehors de
l'humanité souffrante comme ayant été trop égoïstes
sur terre.

X

Revendications social-démocratiques.

L'État centralisé et tout-puissant ; les droits, les
besoins des individus soumis à la discipline, subor-
donnés aux ordres des fonctionnaires d'Etat, la production organisée par l'Etat, les citoyens enrégimentés
dans *l'armée du travail, spécialement pour l'agriculture*
(Manifeste Communiste)..., tel se révèle l'idéal baroque
de ce socialisme répulsif qu'on tâche d'imposer aux
ouvriers sous le nom de « socialisme scientifique ».
Nous connaissons déjà la philosophie métaphysique et
réactionnaire de cette école. Examinons à présent ses
conceptions socialistes, ses revendications d'aujour-
d'hui. Peut-être que de nos jours, sous l'influence du
progrès général des sciences et de la culture intellectuelle, la social-démocratie modifie la conception sol-
datesque du Manifeste daté de 1848. Prenons l'ouvrage
contenant le programme officiel de la social-démocratie scientifique, l'ouvrage de K. Kautsky : *Les Bases
de la social-démocratie.*

Que professe aujourd'hui le parti au sujet de la production socialiste et sur le droit individuel dans la société future?

Dans le chapitre X sur « le socialisme et la liberté », nous lisons :

« La production socialiste n'est pas compatible avec
« la liberté du travail, c'est-à-dire avec la liberté pour
« l'ouvrier de travailler quand, où et comment il l'en-
« tend... C'est vrai, sous le régime du capitalisme
« l'ouvrier jouit encore de la liberté jusqu'à un certain
« degré. S'il ne se plaît pas dans un atelier, il peut
« chercher du travail ailleurs. Dans la société socialiste
« (social-démocratique), tous les moyens de produc-
« tion seront concentrés par l'Etat et ce dernier sera le
« seul entrepreneur; il n'y aura pas de choix. L'ouvrier
« de nos jours jouit de plus de liberté qu'il n'en pos-
« sédera dans la société socialiste (social-démocrati-
« que).

« Ce n'est pas la social-démocratie qui élimine le
« droit de choisir le travail et le temps, mais le déve-
« loppement (?) de la production même. »

La production, mais non la violence, créa toutes les iniquités, et l'oppression dans le passé, nous disait Engels; la même production créera l'esclavage dans la société social-démocratique, nous assure l'ouvrage officiel du parti. S'il en est ainsi, pourquoi la même production créa-t-elle dans le passé comme aujourd'hui deux catégories d'hommes : les uns prêchant la discipline, la subordination, la soumission et l'esclavage; les autres la liberté, l'affranchissement, la révolte et la solidarité? Pourquoi la social-démocratie prêche-t-elle toujours les doctrines de ceux de la première catégorie, que l'histoire stigmatise des noms de réaction, d'obscurantisme, d'oppression? Bien que ces deux catégories fussent le résultat du mode de production, néanmoins l'humanité accomplissait son évolution progressive en combattant toujours les hommes et les institutions de la première catégorie et en acclamant les hommes et les institutions de la seconde. Je n'insiste pas sur la conception complètement erronée de l'influence exclusive de la formé de production dans l'histoire. Mais admettons qu'elle soit exacte. Je n'en vois pas davantage pourquoi la social-démocratie prêche aux opprimés, aux exploités les doctrines de subordination et d'obscurantisme, et s'attache à ridiculiser les idées d'émancipation et de solidarité prêchées par R. Owen et autres amis ou bienfaiteurs de l'humanité. Les théoriciens et les chefs du parti trouvent-ils le peuple insuffisamment abruti par l'Eglise, l'Etat, l'exploitation, la magistrature, le militarisme, etc. ?...

Il ne faudrait pas croire que les passages plus haut cités expriment les idées personnelles de Kautsky, écrivain assez médiocre en lui-même : cet idéal d'une société subjuguée par l'Etat est la base fondamentale de la social-démocratie en tous pays. Un autre social-démocrate, un Anglais et de beaucoup supérieur au précédent, S. Webb, dans sa brochure *Le Socialisme vrai et faux*, affirme à ses lecteurs que « rêver d'un atelier autonome dans l'avenir, d'une production sans règles ou discipline... n'est pas du socialisme » (1). Un troisième, un Russe cette fois-ci, très estimé des démocrates, est si scandalisé par l'idée que l'humanité pourra vivre dans une société solidaire, n'ayant d'autre guide que l'entente libre, qu'il ne trouve rien de mieux que de ridiculiser nos principes de solidarité en disant : « Dans la société future des anarchistes, on guillotinera par libre entente. »

Pauvre homme ! ton cerveau est si encombré des notions de discipline, d'ordre, de subordination, d'exécution et autres beautés de la société esclavagiste et militaire, qu'il ne peut pas imaginer la peine de mort abolie par l'humanité éclairée.

Au nom de quel bien-être ces rêveurs de caserne, d'armée du travail, de discipline et de la subordination veulent-ils priver l'humanité social-démocratique de liberté, d'initiative et de solidarité ? Peut-être pensent-ils réaliser un système communiste si parfait

_____

(1) S. Webb dit que c'est de l'anarchie. Je suis bien reconnaissant de cette constatation à l'auteur de l'*Histoire du Trade-Unionisme*. Oui, c'est nous qui prêchons l'autonomie et la solidarité.

que l'individu se soumettrait volontiers à tous les ordres et à tous les commandements des fonctionnaires de l'Etat. Voyons comment les législateurs de la social-démocratie prétendent organiser la distribution des produits du travail ainsi discipliné.

Le même Kautsky, dans le chapitre IX du même ouvrage : « Distribution des produits dans l'Etat futur », répondant aux objections des adversaires du socialisme, déclare :

« Nos adversaires devraient démontrer que l'égale « rétribution est une conséquence inévitable du « socialisme. » Je crois que les adversaires peuvent démontrer bien facilement à cet auteur et aux démocrates allemands que, hors l'égalité ou équivalence économique, il n'y a pas de socialisme et que le communisme, sous le drapeau duquel les élèves d'Engels prétendent se ranger, accepte comme principe fondamental : « De chacun sa volonté, à chacun selon ses besoins. » Mais Kautsky continue, au nom de la démocratie allemande, à enseigner aux ouvriers que dans leur Etat social-démocratique :

« Toutes les formes de salaire contemporain : rétri« bution à l'heure ou aux pièces; primes spéciales « pour un travail au-dessus de la rétribution géné« rale; salaires différents pour les genres différents « de travail,... toutes ces formes du salaire contem« porain, un peu modifiées, sont parfaitement prati« cables dans une société socialiste. » Ici il est nécessaire de ramener à la vérité ce philosophe du « socialisme scientifique ». Le système du salaire pourra fonctionner dans leur Etat social-démocratique, comme il fonctionne dans l'Etat exploiteur et capitaliste actuel, mais *jamais* dans une société *socialiste*. L'auteur et ses amis se trompent du tout au tout en croyant que leur Etat démocratique, militairement organisé avec le système de rétribution par salaire, l'appelât-on encore SALAIRE *qualificatif*, a quelque rapport avec le socialisme. Ce dernier, d'après la conception des premiers préconisateurs du socialisme, affirme les droits de l'individu à la liberté sans restriction, au développement complet et harmonieux;

il nie l'exploitation de l'homme par l'homme, par la
société, par l'Etat; il nie justement le système — si
cher aux démocrates allemands — du salariat. Le
salariat est la base du capitalisme; en l'admettant
pour votre Etat, vous confirmez, messieurs, ce que les
gens de bien disaient depuis longtemps à votre
adresse : Vous avez dénaturé l'idée fondamentale du
socialisme; vous avez substitué à l'émancipation la
discipline et la subordination, à la solidarité l'ordre
et l'obligation de la caserne, à l'égalité économique le
privilège, et en cela vous avez trahi la cause du peuple, les revendications de l'humanité souffrante. C'est
avec raison que notre ami Domela Nieuwenhuis, en
parlant de vous, poussait ce cri : « Le socialisme est
en danger ! » C'est pour cela aussi que vous avez
mérité des éloges de la bourgeoisie éclairée.

A vrai dire, la bourgeoisie radicale pourrait non seulement adopter une pareille profession de foi, prétendue socialiste, avec le système de salaire qualificatif,
mais encore observer que les revendications du parti
social-démocratique, formulées par le chef et fondateur
du parti, Liebknecht, sont plutôt modérées. Dans son
article : *Le Programme du socialisme allemand* (1). Liebknecht pose la question : « Qu'est-ce que nous deman-
dons? » puis il déclare :

« Liberté absolue de la presse, liberté de conscience
« absolue, suffrage universel pour tous les corps re-
« présentatifs, pour tous les services publics, soit na-
« tionaux, soit communaux; éducation nationale (?),
« les écoles ouvertes à tous, l'éducation et l'instruc-
« tion accessibles à tous avec la même facilité; l'abo-
« lition de l'armée permanente et l'organisation d'une
« milice nationale, de sorte que chaque citoyen soit
« soldat, et chaque soldat, citoyen; une cour d'arbi-
« trage international; l'égalité des sexes; les mesures
« de protection pour la classe ouvrière (limitation des
« heures de travail, règlements sanitaires, etc.).

Pour qu'il n'y ait pas de doutes, Liebknecht ajoute :
« Ce sont des réformes déjà accomplies ou en train

____

(1) *The Programme of German Socialism*, Forum Library,
New-York, avril 1895, page 28.

d'être réalisées dans les pays avancés, et elles s'accordent pleinement avec la démocratie. » Avec la démocratie, oui, mais pas avec le socialisme. Et puis, la démocratie et les libéraux des *pays avancés* ont déjà réalisé ou sont disposés à réaliser immédiatement le fédéralisme, le referendum, la législation directe, l'autonomie communale, — institutions niées et combattues par les social-démocrates. Nous savons déjà que Marx et Engels avec Multman Barry (l'agent des conservateurs anglais) ont exclu les fédéralistes de l'Internationale, que Liebknecht se déclara encore en 1872 (alors qu'il était encore révolutionnaire, ce qu'il n'est plus aujourd'hui) « l'adversaire de toute république *fédérative* »; que les social-démocrates anglais — heureusement leur nombre est insignifiant et, sauf Hyndman, tous sont des médiocrités — ont combattu le referendum et votèrent aux dernières élections pour les conservateurs, contre le ministère gladstonien qui, lui au moins, avait introduit la journée de travail de huit heures dans tous les établissements et ateliers du gouvernement, avait obtenu l'autonomie communale, et luttait en faveur du « home-rule » et pour l'abolition de la Chambre des lords.

Même en France, où la tradition de la Commune est si forte, les social-démocrates, sans soupçonner qu'ils font le jeu de l'école réactionnaire de Hegel, évitent d'employer les mots fédéralisme, fédération. Ils n'osent pas prêcher l'organisation de « l'armée du travail spécialement pour l'agriculture »; ils n'osent pas non plus, malgré leurs aspirations les plus chères, abolir des fédérations locales, mais ils évitent le mot détesté par Hegel, Bismarck, Engels, Liebknecht et autres et appellent leurs fédérations « agglomérations ». Ces *savants* du « socialisme scientifique » ignorent que le terme géologique agglomérat signifie amoncellement, entassement de divers minéraux et que les hommes et les sociétés solidaires s'unissent, pactisent, s'allient, se fédèrent, mais ne s'agglomèrent point. En parlant de leur groupe parlementaire, ils peuvent dire que ce groupe et ses doctrines forment un agglomérat bizarre des idées réactionnaires, qui permet à Millerand de se déclarer pour la sainte propriété individuelle, Guesde pour le collectivisme allemand, que nous venons d'analyser, G. Deville contre la révolution, et que tous ensemble constituent un conglomérat archaïque, également bon pour un musée minéralogique et pour un parlement de panamistes.

XI

Ethique social-démocratique.

En terminant, je devrais esquisser leur tactique d'agitation, leur mode de propagande et leur polémique contre les socialistes en général et spécialement contre nous, les anarchistes. Mais le courage me manque pour entreprendre un travail aussi désagréable. Et puis, à quoi nous servira-t-il de savoir comment peu à peu leur tactique d'action et d'agitation légale les amena vers cette étrange conception de socialisme qui les fait plus réactionnaires dans leurs revendications que les radicaux-socialistes français ou les simples libéraux et radicaux anglais?

De même, je ne crois pas très utile de raconter en détail comment Liebknecht et ses amis tentèrent de faire passer Bakounine pour un agent du gouvernement russe; comment le même Liebknecht calomniait Domela Nieuwenhuis, traitait de charlatans ou d'agents provocateurs des hommes d'une pureté de caractère notoire, comme le noble et généreux Cafiero; comment enfin le même Liebknecht publia dans son journal que Werner, arrêté à Berlin pour tenue d'une imprimerie clandestine, était « *le même avec qui se consultait Hœdel* »!... Non, je ne veux pas, je ne peux pas m'occuper des exploits de tous ces nobles législateurs; en ce qui concerne spécialement Liebknecht, les épithètes de « calomniateur de profession » et d' « anarchisten-fresser » (mangeur d'anarchistes), que lui ont décernées nos amis d'Allemagne, lui suffisent.

Mais deux procédés de leur tactique sont trop caractéristiques pour que je ne les mentionne pas ici. L'un, c'est leur éthique individuelle; l'autre, leur conduite envers les révolutionnaires d'autre nationalité.

Fidèles à la métaphysique réactionnaire de Hegel, qui prêchait que l'individu doit se soumettre complètement à l'autorité de l'Etat et qu'il n'y a pas de questions de droit et de besoins individuels, les publicistes et les orateurs du parti prêchent aux ouvriers que l'individu n'a aucune signification dans l'histoire et dans la société, et que tous ceux qui pensent que la liberté individuelle et la satisfaction complète des besoins physiques et moraux de l'individu seront garanties dans la société future, sont des utopistes. Par conséquent, l'ouvrier doit savoir qu'il n'a qu'à se soumettre aux ordres... de qui? — Ah! de ces deux hommes exceptionnels, fondateurs du socialisme « scientifique », qui ont découvert la loi de la concentration du capital, la plus-value, la méthode dialectique, le matérialisme, le monisme, l'explication matérialiste de l'histoire, la tactique révolutionnaire par les voies légales, le communisme avec une « armée du travail spécialement pour l'agriculture », etc., etc... L'individu en général n'a aucune signification, mais Marx et Engels sont les deux exceptions du genre humain. Font aussi exception leurs héritiers : les Aveling et les Lafargue, ainsi que leurs héritiers d'adoption, Liebknecht, Bebel, Auer, Guesde, Plekhanoff et autres. L'ouvrier ignorant, le troupeau humain, composé d'insignifiantes nullités, doivent se soumettre et obéir à tous ces « übermenschen », ces êtres supra-humains... C'est ce qu'on appelle l'égalité social-démocratique et scientifique...

Et dire que de pareilles monstruosités sont débitées devant la société européenne, qui possède déjà l'ouvrage de J. S. Mill : *Sur la Liberté*, celui de Guyau : *La Morale sans sanction ni obligation*, quand la philosophie moderne, d'après le professeur Wundt, demande à l'individu, non pas la soumission, mais bien la bonne volonté.

Le comble est leur conduite en face des actes révolutionnaires dans les autres pays. Leur « Manifeste Communiste » disait que « les communistes agissent

partout d'accord avec les révolutionnaires ». Nous connaissons leurs « agissements d'accord » avec les révolutionnaires de la Commune de Paris. Voyons comment
ils agirent avec les autres révolutionnaires.

En 1875-76, pendant la révolution serbo-bulgare,
quand tout le monde sympathisait avec les insurgés,
quand Gladstone et les hommes honnêtes de la bourgeoisie anglaise organisaient des meetings et des sous-
criptions au profit des insurgés, seuls les organes social-démocratiques firent une propagande nuisible à
ceux qui combattaient pour leur liberté, en assurant
aux ouvriers que la révolution était provoquée par le
despotisme russe et au profit de ce dernier. La même
infamie, ils l'ont lancée contre la malheureuse nation
arménienne, massacrée par l'armée turque, laquelle
est organisée et commandée par des officiers allemands (1).

Quand nos amis italiens ont organisé, en 1877,
l'insurrection de Benevento, les social-démocrates à
Berlin crièrent que Cafiero, Malatesta et leurs amis —
parmi ces derniers se trouvait le héros de la révolution russe, Stepniak — étaient tous des agents provocateurs. La conduite de ces policiers amateurs de Berlin fut si révoltante, qu'un journal bourgeois observait
que Liebknecht et Cie pourraient désapprouver l'acte,
mais qu'il n'était guère honnête de traiter de malfai-
teur et de provocateur Cafiero, qui, renonçant à une
carrière brillante, sacrifia son immense fortune pour la
cause de l'affranchissement social du peuple.

Ce fut surtout envers nous, les révolutionnaires
russes, que leur conduite fut révoltante. De 1876 à
1881, à chaque attentat révolutionnaire, à chaque ma-
nifestation du parti de cette jeunesse héroïque, qui
faisait l'admiration du monde civilisé, ces calomniateurs
internationaux, avec une rage réactionnaire, vomis-
saient les plus stupides, les plus grossières injures.

Au commencement, nous, les proscrits russes, éva-
dés de Sibérie et des prisons, nous protestions contre
leurs attaques dans la presse socialiste ; mais, bien-

____

(1) Le « grand » Moltke fut l'organisateur ; Holz-Pacha et
autres en sont les commandants.

tôt, nous comprîmes que ce qui pouvait nuire au mouvement révolutionnaire russe n'était pas leurs attaques, mais au contraire leur sympathie et leur concours. Ceux d'entre nous, les socialistes russes, qui adoptaient les doctrines social-démocratiques et avaient les sympathies d'Engels, de Liebknecht et Cie, devenaient immédiatement les adversaires de la révolution et combattaient les révolutionnaires. Un de ces Russes, très estimé et protégé par la coterie d'Engels, Outine, se distingua par ses exploits contre les révolutionnaires et finit par implorer le pardon du tsar.

Un autre, protégé des social-démocrates, Plekhanoff, qui continue la *« triste besogne »* d'Outine, se vanta, dans son rapport au congrès social-démocratique de 1891, à Bruxelles, d'avoir eu, lui et ses amis, « à lutter « pendant des années entières contre les différentes « fractions des doctrines bakounistes » (page 4).

A proprement parler, le rapport comprend, sous le nom de « bakounistes », les communistes-fédéralistes russes, qui furent les instigateurs du grand mouvement de propagande parmi les ouvriers et chez les paysans (1873-1878), inaugurèrent la lutte héroïque du Comité exécutif, et fondèrent le fameux parti socialiste révolutionnaire « Zemlia i Volia » (Terre et Liberté). Plekhanoff et ses amis, continuateurs d'Outine, combattaient toutes les fractions révolutionnaires.

« Remarquez bien, citoyens, écrit ainsi Plekhanoff, que ce ne sont pas les anarchistes seuls que nous entendons sous le nom de bakounistes. Feu P. Tkatcheff se croyait partisan de Blanqui (il l'était). Il combattait les anarchistes et polémisait avec Bakounine lui-même» (page 5). Il en est de même pour le parti de « la Volonté du Peuple » dirigé par le célèbre « Comité exécutif » (page 5).

Autrement dit, les social-démocrates russes, élèves imitateurs et fidèles d'Engels, de Liebknecht et Cie, combattirent toutes les fractions du parti révolutionnaire russe. Cela est parfaitement vrai ; ils les combattirent ! Et quand ? Alors que la stupidité et la cruauté proverbiales régnaient en Russie, sous le nom d'Alexandre III ; alors que Pobodonostzeff, ce Torquemada

russe, les mouchards, les gendarmes et les bourreaux —
pendaient, étranglaient, déportaient dans les mines de
Sibérie des femmes sublimes de dévouement, des hommes héroïques dans leur lutte pour l'émancipation sociale du peuple russe, alors que la bourgeoisie éclairée et paisible admirait et glorifiait les martyrs du despotisme russe ; c'est à ce moment que ces disciples de
la caserne, de l'armée, du travail spécialement pour
l'agriculture, les combattaient. Tandis que notre grand
romancier Tourgueneff écrivait l'apologie de la modestie, du dévouement des jeunes filles révolutionnaires,
— Plekhanoff les combattait ; tandis que le même Tourgueneff, sur son lit de mort, reconnaissait « les terro-
ristes russes (Comité exécutif) pour des hommes de
grand caractère » ; tandis que l'écrivain américain
George Kennan publiait son admiration pour les victimes d'Alexandre III, Plekhanoff les combattait ; tandis que la *Russie souterraine* — cette galerie de portraits si vivants et si attrayants des révolutionnaires
russes due à la plume du valeureux Stepniak — faisait
le tour du monde en toutes langues, que les honnêtes
gens de toute condition sociale sympathisaient avec
eux, que les femmes du monde entier s'attendrissaient
devant ces portraits, Plekhanoff les combattait ; il combattait toujours, ce courageux social-démocrate russe...

Mais ce qu'il y a de plus révoltant, de plus honteux,
c'est qu'un pareil rapport pût être présenté, lu et
approuvé dans un congrès d'hommes se disant socialistes et révolutionnaires.

Voilà jusqu'à quel point la propagande de légalisme,
de discipline, de subordination, dut démoraliser la
social-démocratie, pour que fût approuvée pareille
malpropreté !

Pas une voix indignée ne s'éleva pour rappeler à la
pudeur cet étrange révolutionnaire. Au contraire, le
rapporteur est devenu un homme populaire chez les
social-démocrates, justement grâce à ce rapport.
Comme jadis Outine un peu avant qu'il n'implorât son
pardon auprès du tsar, Plekhanoff, depuis son apparition sur la scène social-démocratique en Occident, est
devenu *persona grata* auprès d'Engels, de Liebknecht

et Cie. Ce digne homme déclare encore dans le même rapport :

« Nous (Plekhanoff et consorts) pouvons noüs féli-
« citer maintenant d'avoir déblayé le terrain pour le
« socialisme scientifique. » (Rapport, page 4.) Non, ce ne fut pas Plekhanoff qui « déblaya le terrain » de toutes les fractions révolutionnaires en Russie. Si ce déblaiement du terrain eut vraiment lieu — ce qui n'est pas prouvé, — la gloire tout entière en revient au grand fétiche des patriotes français, à Alexandre III, à ses ministres pendeurs, à ses mouchards innombrables.. Je crois même que le rapporteur eut tort de triompher si tôt : d'après les articles nombreux publiés dans les journaux et les revues russes, d'après les sifflets que la jeunesse russe octroya à Plekhanoff lui-même, quand cette jeunesse honnête et généreuse connut le contenu de son rapport; — il semble, en somme, que, dans la Russie *proprement dite*, le terrain n'est pas déblayé pour le « socialisme scientifique » et que le monde socialiste russe a plus d'estime pour les « utopistes » comme Tchernycheysky et ses disciples... que pour Engels et Plekhanoff.

*
* *

Faut-il blàmer le monde socialiste russe de cette préférence? Selon la définition des social-démocrates, chaque socialiste convaincu, tout ami éclairé de l'humanité peut revendiquer hautement le titre d'utopiste accompli. Dans une brochure : *Anarchism and Socialism*, chaleureusement recommandée par Mme Marx-Aveling, nous lisons en caractères italiques :

« Utopiste est celui qui s'appuie sur un principe
« abstrait, dans la recherche d'une organisation so-
« ciale parfaite (1). »

Lisez attentivement cette phrase et vous y découvrirez que les utopistes sont des hommes de principes et qu'ils veulent réorganiser la société actuelle, basée

---

(1) The utopian is one who, starting from an abstract principle, seeks for a perfect social organisation (page 4).

sur l'exploitation, l'ignorance et l'oppression, pour en
faire une société solidaire et communiste, où l'individu
aura liberté, instruction et bonheur, au milieu de ses
semblables libres aussi, éclairés et heureux. J'avoue
nettement que je suis utopiste, j'ai même peur de ne
pas l'être assez, car on pourrait me soupçonner d'être
un homme sans principes, comme Engels et ses disciples, et d'être comme eux capable de dénaturer la
terminologie scientifique, la conception du socialisme,
et enfin, au lieu de prêcher l'affranchissement, l'é-
mancipation et la solidarité, de me déshonorer au
point de prêcher « l'organisation de l'armée du travail
spécialement pour l'agriculture », la discipline, la subordination, en un mot, la social-démocratie...

A vous aussi, ami lecteur, je souhaite de tout mon
cœur que vous soyez toujours un homme de principes.
Chaque honnête homme doit avoir des principes, et si
cette qualité est le propre des utopistes, alors soyez
utopiste. Dites hautement et répétez sans cesse que les
grands utopistes, — Saint-Simon, Fourier, R. Owen,
Tchernychevsky — étant des hommes de principes,
furent en même temps les grands amis de l'humanité ;
qu'ils sacrifièrent leur fortune et leur vie à l'émancipation de cette humanité souffrante, tandis que les
hommes sans principes, Engels, Singer (1) et autres
multiplièrent leur fortune en exploitant les ouvriers (2)... Ajoutez encore à cela qu'en qualité
d'homme de principes socialistes, vous ne propage-
rez jamais l'exploitation et le salaire qualificatif, que
vous ne calomnierez personne, et surtout jamais les
hommes, les partis et les nations qui luttent pour la liberté ; qu'au contraire, vous soutiendrez toujours et
partout les efforts des déshérités pour secouer le joug
d'oppression et d'esclavage, et que quand les événements réclameront l'action et le dévouement pour
nos principes, vous saurez supporter, comme les
autres, de longues années de persécution et d'empri-

---

(1) Parmi les députés social-démocrates, on compte 7 fabri-
cants, 2 rentiers, 3 négociants, etc.

(2) D'après les journaux, Engels laissa une énorme fortune,
gagnée par son association à une fabrique de Manchester.

sonnement, et serez même capable de monter à l'é-
chafaud, aussi courageux, aussi tranquille que Jean
Huss, Thomas Morus, Giordano Bruno, Varlin et So-
phie Perovsky (1).

____

(1) Liebknecht qui nie le fédéralisme, calomnie Bakounine,
Domela Nieuwenhuis, Cafiero et autres, encourage la police à
l'oppression des révolutionnaires et des anarchistes dans tous
les pays, et dénonça Werner, le même triste sire déclarait, en 1892,
pendant les désordres des affamés à Berlin, qu'aucun social-démocrate ne devait secourir les malheureux fusillés et sabrés par
la police et par l'armée. « Un social-démocrate, disait-il, désho-
nore le parti en sympathisant avec les victimes de Guillaume II » ;
et il appelait ces affamés fusillés « lumpen proletariat » — en
français, « la canaille ». La bourgeoisie de la Cité de Londres,
pendant les grandes émeutes populaires, en 1886, non seulement
ne défendait pas de secourir les malheureux révoltés, mais avait
souscrit une somme énorme au profit des émeutiers. Quelle
leçon pour la social-démocratie!